# ちょっと不運なほうが生活は楽しい

田中卓志

TANAKA TAKUSHI

新潮社

# まえがき

不運からくるクスッと笑えるような話をテーマに、小説新潮で連載をさせていただきました。僕みたいな人間がエッセイ？　と思いながらも一生懸命書いたので、拙い文章かもしれませんが、読んでいただけると嬉しいです。

初めに言っておきますが、オシャレなエッセイという感じではないです。

僕がこのエッセイを書き始めてからしばらく経った頃、他の芸人さんのエッセイってどういうことを書いているんだろうと、エッセイを書いている先輩芸人のふかわりょうさんの文章を読んで愕然としました。

「落ち葉」を擬人化して、車の中に入ってきた落ち葉と対話しているのです！　僕の文章にそんな引き出しなんて一切なく、ただただ僕が生活して思ったことや出来事を書いているだけ。

最初はほのぼのとした話を書こうと思っていたのですが、書いていくうちに、不運というか不幸というか、そういう類いの経験をする時、僕の場合、冴えないルックスに起因している確率がかなり高いということに気が付きました。そういう意味では、他の人があまり経験できないようなことを書いています。

もちろん普通に生活しているだけで遭遇してしまった不運な話もあるのですが、冴えない顔をわざわざ188センチもの高い場所に掲げて生活しているために、普通の人では経験しない酷い扱いも受けてきました。

恐らく、収録されたエッセイを読んで、「本当にこんなことあるの？」と疑ってしまう人もいると思います。あまりにもあり得なすぎて、テレビのスタッフさんに、話を盛りすぎてると注意されることもあったくらいです。

でもこの本に書いたことは紛れもない事実で、1ミリも脚色していないと冒頭に断言しておきます。

それに、そんなルックスの人間が芸人という特殊な仕事に就いてしまったことで不運に拍車がかかりました。

僕は、決してブサイク芸人になりたくてなったのではなく、ブサイク芸人に活路を見出すしかありませんでした。しかも、実は僕は、昔から真面目すぎるくらい真面目なところがあるので、不真面目な人間を見るとムカついて仕方がない。

そんな人間が芸人という、ふざけた人間だらけで、ある意味ふざけるのが仕事という世界に入ってしまい、色々な苦労をしたことを書き綴っています。

最初は「ちょっと不運なほうが生活は楽しい」というテーマで書き始めたのですが、中には単に「不運」で済ませていいのか？　楽しいと言えるのか？　そんな内容の出来事も書いているかもしれません。

みなさんに共感しながら読んでいただけるエッセイかどうかはわかりませんが、特別な経験を一緒にするツアーのような感じで読んでもらえると嬉しいです。

あとがきを書いている頃には、ちょっとオシャレな文章が書けているといいなぁ。

ちょっと不運なほうが生活は楽しい　目次

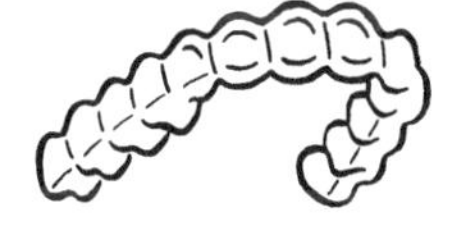

ちょっと不運なほうが生活は楽しい

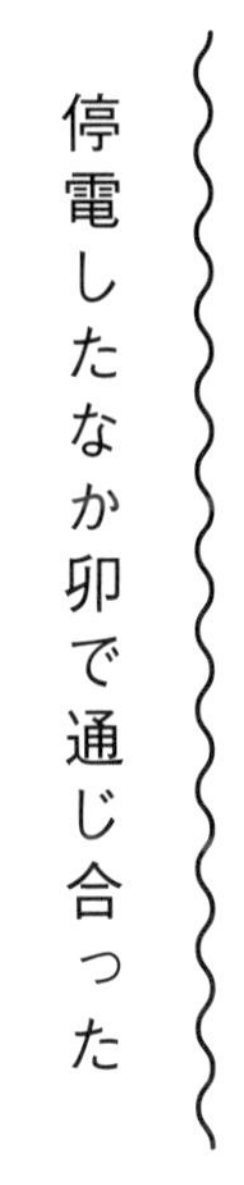

# 停電したなか卵で通じ合った

一人でご飯を食べることが多い。何年か前までは友達と食事をする機会も多かったが、みんな結婚して減ってしまった。ただただ一人でご飯を食べる日が、年間300日くらいあると思う。

食事をするお店も決まっているけれど、毎日同じところにばかり行っていたら、この人は毎日来ているな！ と店員さんに思われそうで恥ずかしいので、数少ない行きつけのお店をローテーションして、連続で行くことを回避するようにしている。

店員さん側は何とも思っていないかもしれないし、もしそうだったら誰に強がっているのかもよくわからないけれど、念のためそうしている。

それでも20年以上一人で暮らしていると、お店を変えることにも疲れてしまい、週に5日、チェーン店のなか卯に行くこともある。

親子丼、和風牛丼、はいからうどん、季節限定の担々うどん、すだちおろしうどん。

このあたりのメニューを日替わりで食べていれば、連続して行っても飽きることはない。

仕事を終えて深夜になった時はいつも、50代後半くらいのアルバイトのおじさんが一人でお店の全てを切り盛りしている。

しかもほとんど毎回同じおじさん。

たまに深夜なのに若者が5人くらい入ってきて一気に注文を出されると、おじさんはまさに馬車馬のように働き、全ての注文を一人で処理していく。

そのおじさんにも、おそらく僕は、めちゃくちゃなか卯に来る奴だな！　と思われているのだろうと考えながら、この人にだけは毎日来ていると思われてもいい、と勝手に心を許していた。昔、レンタルビデオ店で、レジにいる店員さんが女性ではなくおじさんの時に、アダルトＤＶＤを借りていた感覚に近い。

ある日の深夜2時ごろ、小腹が空いたのでなか卯に行くと、客は僕一人で、例のおじさん店員も一人、店内で二人きりになった。和風牛丼の食券を買って席に着き、おじさんがそれを回収して、軽快な手さばきで作って持って来てくれた。

テーブルの紅生姜入れを開け、二つまみくらいの紅生姜を肉の上に乗っけて、ガッと牛肉とご飯をかきこむと、幸せな味が口に広がった。

ところが二口くらい食べたところで、突然店内が真っ暗になった。……停電だ。

目の前の牛丼が見えなくなり、手探りで丼を摑む。

おじさんの姿も見えなくなり、かなりテンパっていると、暗闇から声がした。

「申し訳ありません、今電気をつけますので、少々お待ちください」

おじさんがスリスリと壁を触りながら移動する音が聞こえて来た。

停電なのに電気つくのかなぁ？　と思って外を見ると、道の反対側にある街灯はついていた。おそらくブレーカーが落ちただけだとわかり、少しホッとする。

だんだん目が慣れて来たのか、自分の牛丼が暗闇にうっすら滲み出て来た。暗闇で食べようと思ったけれど、どうせなら明るくなってからと、しばらく待つ。

1分……2分………3分くらい経っただろうか？　暗闇からおじさんの焦りが伝わってくる。

あれ？……スリスリスリ……あ〜………はぁ………どこだ？……スリスリスリスリ………ああ、何でこんな………スリスリ……

ここで長く働いているはずのおじさんだが、こんな事件は初めてなのだということがわかった。

それからまた5分が過ぎた。頑張っているおじさんを前にしてこんなことを気にするのは申し訳ないのだが、僕の牛丼はどんどん冷めていっている。

目が慣れ過ぎて、もうかなりはっきり牛丼が見えるようになったからとうとう食べようと決めたとき、スリスリスリという音が近づいて来て、おじさんが僕に言い放った。

「すみません！　ブレーカー、どこにあるか知りませんか？」

「え??」

「いや、ちょっとわからなくて困ってるんです」

おじさんは僕に助けを求めて来たのだ。でも正直、おじさんにわからないことが僕にわかるはずもない。

確かに、僕はなか卯に誰よりも通っている自信はある。けれど、バックヤードのことは全く知らない。

でも、店員さんが客に助けを求めてくるなんて、本当によっぽどのことだし、おじさんも相当な覚悟で僕を頼って来たのだと思った。

この人ならわかるかもしれない！　と、とても小さな可能性に賭けるしかないほど追い詰められている。

僕が一方的にレンタルビデオの店員並みに信頼を置いていたおじさんが、僕に対して、とても信頼を置いていたことに、この瞬間気づいた。

「わかりました」

このまま牛丼を食べて帰ることもできたが、もしこれで僕が帰ってしまったら、おじさんは真っ暗闇の中、一人でブレーカーを探さなければならない。ブレーカーが見つからなかったら深夜の売り上げがゼロになってしまう。僕は暗闇でスッと立ち上がった。

「とりあえず、そっち入っていいですか？」

「どうぞ」

僕も壁やテーブルをスリスリと手探りしながら細心の注意を払って、初めて、なか卯のカウンターの向こう側に入った。嬉しいような、申し訳ないような、何とも言い表せない変な気持ちになる。

いつも客として来ている店のカウンターに入ってしまうというのは、越えてはいけない一線を越えるような、ちょっと不思議な感覚だった。

ただそんな気持ちに浸っている場合ではない。おじさんは何も知らない子供のような顔をして、僕の後ろについて来ている。

厨房に行って、上から下まで目を凝らして見たが、ブレーカーらしきものがない。

僕もあちこちでアルバイトをしてきたが、経験上、ブレーカーは鉄の扉みたいなものの中にあるのがほとんどだ。

「なんか鉄の扉みたいなもの、見たことないですか？」

「う〜〜ん、ないね〜」

手がかりが全くないまま、トイレの中や、ホールにもう一度戻って探してみたけれど見つからない。

「こっちは何ですか？」

「更衣室」

いつの間にか二人の距離が近づきすぎて、おじさんが僕にタメ口になっていることに気づいたが、構わず更衣室に入る。

入口のすぐ左側に大きな鉄の扉があった。グレーの壁にグレーの鉄の扉だから確かに見つけにくいけれど、これはどう見ても鉄の扉だ。

なんでこれに気づかないんだよ！　と突っ込みたくなったが、もう扉が見つかったことが嬉しすぎてその気持ちも吹き飛んだ。

扉を開けると、スイッチがずらりと並んでいた。

「ありましたよ！」

「本当だ！　ありがとうね！」

「ブレーカー上げていいですか？」

「はいはい」

ガチャ！

20分ぶりに、店内に明るさが戻った。

「いや〜、ありがとうね！」

「いえいえ！」

僕とおじさんは、深夜のなか卯で笑顔になっていた。


それから僕はカウンターを出た。

おじさんと僕は、再び客と店員の関係に戻った。

牛丼はもうすっかり冷えていたけど、そんなことに文句を言う気も起きないくらい、達成感に満ち溢れていた。

さっきまであんなに二人で喋っていたのに、今は会話はない。

一杯の牛丼を食べ終わって、僕は店を出た。


あれから、3年も経つ。今でも頻繁に深夜のなか卯で二人きりになるけれど、あの停電の話どころか、世間話すらおじさんとすることはない。

「いらっしゃいませ」

「お待たせしました」

「ごちそうさまでした」

「ありがとうございました」

交わす言葉はただそれだけだ。

あの夜を二人で乗り切ったとは思えないくらい、よそよそしいというか、全くの他人。

停電が起きたときだけ二人の回路に電気が通じ合ったなんて、カッコいいと思う反面、どこか恥ずかしい。

華やかだったり甘酸っぱかったり、もしくは普通だったり、学生時代の思い出はもちろん人それぞれだけど、僕にとって高校時代というのは、少しというかあまり戻りたくなるような3年間ではない。

小学校、中学校時代は、地味ながらも普通の学生生活を送れていたのだけれど、高校では少しうまくいかなかった。

そもそも、隣町の学校に進学したから、中学までの知り合いが一人しかいなかった。その同級生も女の子だったので、友達と呼べるほどでもない関係性の人。

しかもその高校には、地元の中学校から進学している人がほとんどで、僕だけが友達ゼロからスタートする状況だった。

知らない人、しかも地味な割に背が高くてひょろひょろして目立つ僕に、みんなが違和感を抱いたことが入学式のその日に分かった。僕にどう接していいか分からないクラスメイトと、知り合いが一人もいない環境にビビりすぎる僕……。

友達がまったくできないまま1ヶ月が過ぎたのだが、ふいに友達ができた。本郷君。

「なんで隣町からこの高校に来たの？」

僕に興味を持ってくれた本郷君は休み時間に遊びに誘ってくれ、いろいろと話すようになった。

2時間目の終わりに本郷君と売店に行くのが日課になり、売店で胡瓜の巻き寿司を本郷君が買って、僕はお小遣いが少なかったので何も買わないんだけど、いつも巻き寿司を半分ちぎって僕にくれた。正直この時間だけが自分にとって高校の楽しい思い出だ。


2年生になってクラス替えがあって、本郷君とは違うクラスになった。新たに同じクラスになった人から、なんとなくいじめが始まった。

ある日の昼休憩、お弁当を食べようとカバンを開けたら、弁当箱がない。家に忘れて来たのかと思ったが、今朝は確かに弁当箱を持って出た記憶があった。

弁当箱がなくてあたふたしていると、クラスの男子の一人が僕に「ねえ、隣のクラスで何か変なことになってるよ」と言ってきた。

その男子とは一度も話したことがなかった。クラスでも一番格好良く、花形のサッカー部。そしてそのサッカー部仲間と思われる男子二人が、その子の後ろで笑っていた。

言われるがまま隣のクラスに行くと、黒板の下のチョークボックスを引き出して、そこに僕の弁当箱が置いてあった。そしてチョークで黒板に、「この弁当誰の?」という文字と、弁当箱に向けて矢印が書かれてあった。

この瞬間は「自分がいじめられ始めたこと」には気がついてなくて、「なんでこんなことになっているんだろう」と理解しようとするのに精一杯だった。で、5秒くらいしてなんとなく気がついた。

僕は一人も知り合いのいない隣のクラスに入っていき、弁当箱を手に取り、黒板の文字を消し、知らない同級生の好奇の目にさらされながら情けない気持ちで自分の教室に戻った。

とりあえず同じクラスの人だけには、自分がいじめられ始めたのに気づかれたくなくて、何もなかったかのように弁当を食べたのを覚えている。でもそんなことは、何の意味もなかった。

それから、次の日もまた次の日も弁当箱が隣の教室にあったり、自分のシューズを教室の窓から外に投げられて拾いに行ったり、自転車のカゴにゴミを入れられたり、ハンドルを曲げられたり……とにかくいろいろされた。

一番記憶に残っているのは、ある日自分の机（木の天板と鉄の土台でできた、どこの学校にもある机）に座って、机の中を見ようと天板に手をかけたら、その部分だけが持ち上がったことだ。よく見ると、天板と土台を繋いであったネジが全部外されていた。僕が天板だけ持ち上げているのを見て、例の男子が遠くでニヤニヤ笑っていた。

なんでこんなことをするんだろうという気持ちと、これやるのに結構時間かかるだろ？ そのパワーをもっと他に使えばいいのに……など僕なりに思うところもあったけれど、それを僕をいじめることに使いたいのだから、仕方ない。

そう、諦めた。誰かに助けを求めたかったけれど、「自分の机だけ天板が外れるということ」を知られるのは恥ずかしかったし、怖かった。

でもこのことは、「僕だけが我慢すればいいんだから」では済まなかった。

毎日の掃除の時間。机を運ぶときは、机の天板に手をかけて持ち上げて運ぶ。でも僕の机は天板を持っても、当然ながらそれだけしか持ち上がらない。うまく運ぶためには、下の土台に手を回して全体を持ち上げないといけない。もしくは、天板と土台それぞれの担当に分かれて、二人で運ばないといけない。

僕が教室の掃除当番の日は自分で運ぶから良いけれど、そうでない時はクラスメイトの誰かが机を運ぶわけで、運悪く僕の机を運ぶことになってしまった人は、ちょっとしたパニックになっていた。

なぜパニックになるのかというと、机というものはある程度重量があって、運ぶときに結構勢いをつけて持ち上げる。それなのに、天板の重さは大したことがないから、持ち上げた人はみんな後ろにのけぞるのだ。

僕がトイレの掃除から戻ると、教室の掃除担当だったクラスメイトから、「これ外れたけどどうしたの？　びっくりしたよ！」と聞かれ、察してくれよ……と思いながら、「わからない」としか答えられなかった。サッカー部の男子にやられたんだって言えば良かったのかもしれないけれど、本当に彼らがやったのか、それすらも正直わからなくなっていた。

そんなある日、先生が教室の掃除を手伝っていた。

その日僕は教室掃除の担当で、自分の机は自分で運ぼうとしていたのだが、先生が気づいてくれれば何かが変わるんじゃないかと思って、あえて自分で運ばないでいた。タイミング良く、先生が僕の机を運ぶことになり手をかけると、「あれ？　これ外れるんだけど」と笑いながら土台ごと運んで、それで終わりだった。

その次の日、僕は学校を仮病で休んだ。母にも風邪だと思うと、嘘をついた。こたつで一日中寝ながら、いろいろ考えた。いじめられていることは親にも言えないし、明日は来てしまう。これから毎日休んだら、先生は何か感じ取ってくれるのか？　でも逆に大事になって、それこそ自分が転校しなきゃいけないくらいのことになるんじゃないか？　なんだかそっちの方が良くない気がして、次の日から学校に行った。

学校に行くと、昼の時間に先生が「机を交換する」と言って、使い古された傷だらけの机を持ってきた。表面に1ヶ所ゴルフのグリーンのカップみたいな穴が空いていて、周りのみんなと微妙に色や質感が違う机。そもそも交換するとか、そういうことじゃないいんだけどなぁ、なんで天板のネジを外した人を探してくれないのかなぁ、そういう期待をしていたんだけどなぁ……。

その頃僕は毎日、お昼休みになると、いわゆるパシリに行かないといけなかった。いじめっ子たちはトランプをしながら、片手間に頼んでくる。

「俺はＢＩＧチョコ、買ってきて！」

僕は自分の休憩時間を使って、学校の外にあるお店に買いに行った。ただ僕はその時、ＢＩＧチョコというものを知らなかったので、ＢＩＧチョコというものはこの世になく、そのいじめっ子がＢｉｔチョコと間違えて「ＢＩＧチョコ」と言ってるんだと思って、Ｂｉｔチョコを買って戻った。

それを渡すと、めちゃくちゃブチ切れられた。自分の無知が恥ずかしく、うつむくしかなかった。

今の自分がそこにいたら、

「自分で買いに行かないからだよ。人に頼む時は、ある程度間違いがあるもんだと思って頼まなきゃ。それで間違いが起きても、自分に人を見る目がなかったんだから仕方ないよ」

と反論するだろうな。多分、ぶん殴られるだろうけど。


それから1年くらい、そんな学生生活が続いた頃のこと。

体育の時間、サッカーの授業で、僕は当然キーパーをやらされていた。

ゴールを守り全体を見ながら指示も出すキーパーは、大切なポジションだけれど、体育のサッカーでのキーパーは地味なので、僕みたいなしょぼい人間がやらされがちだった。しかも、サッカー部のいじめっ子たちが、どや顔で楽しそうに自分の実力を発揮してしまう嫌な時間でもある。僕がゴールを決められると、「今のはとれただろ！」と不機嫌になるし、本当に困った人たちだ。

試合が中盤に差し掛かったとき、相手チームが超ロングシュートを打ってきた。サッカーコートの真ん中くらいから打ったシュートなので、僕の守るゴールに到達する頃には、ボールは勢いのない緩いゴロになっていた。

ちょうどその頃始まったJリーグを観ていた僕は、キーパーというのはゴロのシュートを横に倒れながら全身で大事そうに抱えて取るものだというイメージがあったので、他の選手がそのボールに詰めて来てもいないのに、緩いシュートを倒れながら抱えて取った。

その時、クラスの全員、いじめっ子たちも先生もみんなが、ドッと笑った。自分ではもちろんウケようとしてやったことではないので、自分の近くの誰かがウケているのかと思ってキョロキョロしたら、僕のその行動がウケたんだと気づいた。体育の授業が終わってからも、クラスのみんなが「面白かったな〜」と話しかけてきた。

信じられないことなのだけれど、次の日から唐突に、いじめられなくなった。

それどころかいじめをしていたサッカー部の人たちが「サッカー教えてやるよ」と話しかけてきて、昼の休憩中に、「パスを出すときは、ボールの上の方を蹴るといいんだよ」とか言いながら、僕に熱心にサッカーを教えてきた。

今考えると、それまで執拗にいじめてきていたのにおかしいと思うけれど、当時の僕は、いじめから解放されたことが嬉しくて、その状況を何の疑問を抱くこともなく受け入れた。

お笑いというものに興味が湧いたのは、確かこの時だったと思う。

# 18歳、なんでもない人間

地味な学生生活を送っている奴って、勉強だけはできるイメージだけど、僕に限ってはそうではなかった。はっきり言って平均よりもできなくて、大学受験の模擬試験を受けたら、偏差値は48くらい。

将来、建築士になりたいという夢だけは持っていたので、現役の時に偏差値52くらいの理系の私立大学を2校受けたけれどあっさり落ち、浪人することが決まった。

広島県の田舎から、広島市内の舟入という場所に家賃4万円のワンルームの部屋を借りて引っ越し、予備校に通うことになった。

人生初めての一人暮らし。大学には落ちたけれど、どこかウキウキした気分にもなった。

田舎にはなかったマクドナルドが、部屋の窓を開けたら見えた。

夜になっても街灯が灯っていて、車の音が外から聞こえてくるのも嬉しい。

本来ならうるさいし眩しい、となるんだろうけれど、田舎で育ってきた僕には全ての価値観が逆だった。

唯一嫌だったことと言えば、隣に住んでいたインド人が、夕方になるととんでもなくスパイシーな料理を作るので、匂いが隣の部屋の玄関から漂い廊下に出てきて、そのまま廊下を通り抜け僕の部屋のドアの隙間から入ってきて、僕の部屋にも充満してしまい、目がシバシバすること。しかも毎日！

だからその時間になると、僕は川沿いに行って川を見て時間を潰した。僕の部屋であんなにスパイシーなのだから、インド人の部屋は極限までスパイシーなんだろうなと思いながら。

それ以外はなんだか幸せで、大学に落ちたショックなんて完全に忘れた、最低の18歳がそこにいた。

予備校に行くと、たくさんの浪人生が同じ教室にいた。ああ僕だけじゃなくてこんなにいっぱい浪人してるんだ、良かった——そんなことを考えながら数学の授業を受けていると、キリがいいところで先生が授業を止めて、みんなに語り始めた。

その先生は60代くらいの男性で、グレーのジャケットを着てネクタイはしておらず、シャツの一番上のボタンを外していた。目は細く白髪混じりの短髪の、少し怖い印象。怖い役をやる時の小日向文世さんのような雰囲気の人だった。

「みなさん、今日から授業が始まり、浪人生活が始まったわけですけども、はっきり言って、みなさんは今、学生ではないですよね、予備校は学校じゃないので学生とは言えません。しかも社会人でもないですよね、会社で働いているわけでもないんですから。みなさんは学生でも社会人でもない、なんでもない人間になったわけです。こんなところからは1年で抜け出さないと大変なことになりますよ。高校生の時に勉強しなかったから、こうなったんです。自分の責任なんだから、しっかり1年勉強をしたほうがいいですよ。僕は毎年これを最初の授業で言うんです。でも、これだけ言っても勉強せずに、来年の1月くらいに受ける大学がないと泣きついてくる人がいます。みなさんはそうならないようにしてください」

そう言うとチョークを手に取り、「えー続いては……」と何もなかったように授業に戻った。

1年間の授業でその先生がこんなことを言ったのは1回だけだったが、45歳になった今も、僕はこの言葉が忘れられない。

そのときは、先生がこんなにキツいことを言うんだという衝撃と、甘い考えで浪人生活をスタートさせようとしていた僕の心を突き破られたような気持ちとが入り混じって、固まってしまった。

予備校の講師というのは学校の先生と違ってとにかくビジネスライクで、ちゃんと勉強を教えさえすればいいという人が多いから、学校の先生が言わないような雑談が授業中にたまに入る。

「昨日ポルシェ買ったんだよね！　音がブインブインすげ〜んだよ！　でも今日スピンしてぶつけちゃったよ」

という話をする先生もいた。

そんな中であの小日向さん似の先生の、ディフェンス力0の状態の予備校生の心を突き破るためだけに発せられた言葉によって、僕は考えが変わった。一人暮らしの部屋にテレビを買おうとしていたのもやめた。毎日、授業の予習をして、授業中はメモをする程度でノートは取らない。

先生の話を聞くことに、とにかく集中する。帰ったらその日の復習をして、前日までの授業で出された問題をくり返し解いた。

そこまで勉強したおかげで、志望校の広島大学の模擬試験の判定が、4月の時はE判定だったのに、12月の時点ではB判定まで上がっていた。

B判定というのは、まぁ受けたら受かる可能性があるかもね、という程度なのだけれど、自分でもかなり頑張ったと思う。

そして、1年の成果を出すべく勢い込んでセンター試験を受けたのに、見事に失敗。予備校の判定によると、センター試験で広島大学受験に必要な得点のボーダーラインは、580点。

その下に、これより低い点数だと受けても受からないという注意ラインがあって、それが560点。

自分のセンター試験の自己採点は、それをさらに下回る543点だった。

何度も見返して、採点をし直しても543点。5から順に降(くだ)っていくような点だと思ったので、今でもきっちり言える。

苦手な国語では現役時代を下回る点数も叩き出した。

ここで、志望校を変えるべきか、それともそのまま広島大学に出願すべきか、迷った。注意ラインを下回っているんだから当然変えるべきなのだろうけれど、2次試験には国語がない。得意の数学、物理、化学と英語の4科目で勝負できるが、センター試験が注意ラインより下なのは変わらない。

人生において大きな分岐点。どうすればいいのか家で一人で悩んでいた時、またスパイシーな香りが部屋に漂ってきて、本気でイライラした。

川土手に行って座りながら考えてるうちに、なんで毎日インド人に目をシバシバさせられて、テレビも見ずに1年間頑張ってきたのに、志望校を変えなきゃいけないんだという気持ちになり、広島大学に出願した。

そこから1ヶ月さらに勉強して、受験当日。

広島市内を走るチンチン電車で広島駅へ。40分電車に乗って西条駅で下車し、そこからバスで15分のところに試験会場の広島大学はある。

まずはチンチン電車に乗ろうと駅まで行ったら、ちょうど発車したところだった。次のがなかなか来ない。10分くらい待ってやっと乗れた。

するとそのチンチン電車は信号に引っかかりまくって、広島駅に着いてダッシュしたものの、またも乗り遅れてしまった。次の電車は15分後、目的の西条駅に着いた時には、試験に間に合うかどうか、微妙な時間になっていた。駅から乗ったバスがまた信号に引っかかりまくり、広島大学工学部前のバス停に着いた時は、試験開始の3分前。

やばい！　一生の中で一番ダッシュした瞬間はここだと自信を持って言えるほど走った。1年浪人したのに、こんなしょうもないミスで試験を棒に振る訳にはいかない！

なんとか試験会場の教室に飛び込んだら、もうみんな着席して静かに開始を待っていた。とんでもなく大きな息づかいをハァハァと響かせながら、教室を汗だくで歩く僕を見て、他の受験生が引いているのがわかった。

着席してフーと深呼吸したとたん、「始めてください」という声がかかった。

「お前みたいな奴に休息など無い！」と言われたような気持ちになりながら、慌てて筆箱をカバンから出す。

こんな始まりだったのに、試験を終えたあとで答え合わせをしたら、物理で満点をとっていた。自慢じゃないけど。

そのおかげで、2次試験で逆転して合格した。


しかし、ここまでして入った広島大学を卒業してお笑い芸人になったのだから、なんだか人生遠回りというか空転しているような気がする。だけど、芸人になると決めて上京した数年後に、同期芸人であるロッチのコカドケンタロウ君にこんなことを言われた。

「お前、いつ遊びに誘ってもネタ書いてるな！　こんなにネタ書いてる芸人おらんで！」

その時、芸人というものはもっと遊びながらやるものなんだと知らされた。なぜこんな行動をとっていたのか考えてみたら、あの予備校の先生の言葉を思い出した。

「みなさんは学生でも社会人でもない、なんでもない人間になったわけです」

お笑い芸人を始めた時、人生で2度目のこの状態になっていることになんとなく気づいて、なんでもない人間から脱却しようともがいていたのだろうと思う。

たぶん、浪人せずにあの先生の言葉を聞かないまま芸人になっていたら、ダラダラと芸人を続けて、どこかで諦めて実家に帰っていた気がする。

# 人生で一番の修羅場

人生で一番の修羅場は？　と聞かれたら、たぶんあの時だろうな、という場面がある。

僕はお笑いの道に進むと決めた時に、家族全員に嘘をついた。

東京の大学院に通うと嘘をついて上京し、実際にはお笑い芸人になっていたのだ。

なぜそんな嘘をついたのかというと、広島大学という広島県では優秀な大学に行かせてもらっていたので、そこからお笑い芸人になると言うなんて、１００パーセント反対されるのがわかっていたし、止められるのを振り切る自信もなかったからだ。

その当時、テレビ番組の影響で「ボキャブラ」ブームというものが起きていた。ネプチューンさん、爆笑問題さん、くりぃむしちゅーさん他数々の芸人さんがブレイクした「ボキャブラ天国」という番組で、お笑いが大好きだった僕は毎週録画して観ているうち、自分も芸人になりたいという気持ちがふつふつと湧いてきた。

ただ、建築士になりたいという夢も同じくらい持っていて、大学4年生のお正月くらいまで進路を迷っていた。

でも、本当にほんの少しの差で、お笑いのほうをやりたいという気持ちが勝ってしまい、家族全員を騙して、お笑い芸人になるための作戦を立てた。

大した作戦ではないんだけど、東京の大学院に行くから上京しなきゃいけなくなった、すごい先生が推薦してくれていて、もう行くしかない状態なんだ！ という嘘だ。

そんな嘘はすぐにバレそうなものなのだけれど、僕の実家は広島の田舎の中のさらに田舎。都会のことは全くわからない家族だったので、すんなりとみんな騙されてしまった。

上京する日、高速バス乗り場まで母が送ってくれた。

僕に騙されているとは知らず、母はおにぎりを持たせてくれた。

バスの乗り場に着くと、僕は母の車からそそくさと降り、バスに乗った。なんだか嘘がバレそうな気がして、なるべく早く母から離れたかったのだ。

バスに乗っている人は4人くらい。僕は座席番号を見て、後部の窓側の座席についた。

窓の外を見ると、母が一人で寒空の下に立っている。

バスの席の少し高い目線から見下ろすと、母が小さく見えて、自分が嘘をついているのがその時急に申し訳なくなった。バスのドアが閉まり発車すると、母は手を振っていた。

僕は人生で一度も東京に行ったことがなかったし、母も東京には新婚旅行でしか行ったことがない。

そんな見知らぬ場所に行く僕を、バスが見えなくなるまで手を振って見送っていた。

その姿を見たときは我慢していたけれど、おにぎりを口にしたときに涙が出てきた。

こういう時のおにぎりのパワーは凄い。


9時間後、バスは朝5時に新宿の駅前に着いた。

全く知らない場所に降り立った僕は、まず不動産屋に向かった。

広島にいたときに、その不動産屋さんとは電話で話していた。東京で家賃4万円で、お風呂トイレ付きの部屋ってありますか？　と聞いたら、今考えたらあるはずないのだけど、

「ありますよ！」

と言われ、内見もせずに部屋を決めていた。

不動産屋に行くと部屋の鍵を渡されたので、一人でその家に向かった。

池袋駅から東武東上線で約40分。新河岸(しんがし)という駅に着き、そこから15分くらい歩い

たところに家はあった。

関東に住んでいる人はもうなんとなくわかると思うけど、そこは東京ではなく埼玉県川越市だった。

でも、全く土地鑑がなかったので、僕は東京だと思っていた。

なぜなら不動産屋さんに「東京で家賃4万円で、お風呂トイレ付き」とお願いしていたのをしっかり覚えていたからだ。

だから、それからアルバイトの面接のために履歴書を書くときも、住所を東京都川越市と書いていたし、色々な公的な契約をする書類にも、東京都川越市と書いていて、郵便物もちゃんと届いていたので、何も気づかず1ヶ月くらい暮らしていた。そしてある日、新河岸駅のホームに立って電車を待っていた時のこと。

ホームにある新河岸という駅名の書いてある看板をふと見上げた。どの駅にもあるあの駅名板には、古いものだと駅名の下に、駅の所在地が書いてある。

僕はそれを見て固まった。埼玉県川越市と書いてあった。

思い込みというものは怖いもので、僕は一瞬、駅の人が間違えているのかと思った。でも時間が経つにつれ、自分が間違っていたこと、色々な書類に東京都川越市と書いてしまっていたことに気がついた。

やばい思想を持った埼玉県民のように思われていたかもしれないと、とても恥ずかしくなった。

それから親にバレることもなく、お笑い事務所のネタ見せに行っては落ちるということを繰り返していた。

時々親に電話をしたりしていたけれど、上京して2年経った時に、「大学院って2年間でしょ？　その後はどうするの？」と聞かれてしまった。ちょっとまだわからない、と答えてから電話に出るのが気まずくなり、親からの着信を無視するようになった。

無視し始めてから1ヶ月。

ある朝、母から留守番電話が入っていた。

「卓？　お母さんよ！　今新宿着いたけど連絡ちょうだい！　どうやって家に行くん？」

自分の目がプルプルと震えているのがわかるくらい動揺した。

とうとう母が心配して、僕に何の連絡もなく東京に来たのだ。母はそれまでも何度も来ようとしていたけれど、すべて断っていた。

部屋の中を見られたら大学院に行っていないことがバレるし、東京に来るなんて大変だからいいよ！　と強く言うと来なかった。

僕は自分の嘘がバレると思い折り返しの電話をするのを躊躇していたが、東京の街を一人で歩いている母の姿を考えたら、電話するしかなかった。

——もしもし？

「ようやく電話に出たね！　死んでるのかと思って心配したんよ！」

東京という街は危険で、うっかりすると死んでしまう街。これは田舎に住んでいる人にはよくある発想だ。

——なんで来るのよ！　連絡してから来てよ！

「あんたが電話に出んからでしょ！」

なんの反論もできなくて黙っていると、

「今、新宿じゃけえ、どうやって家に行くんか教えて」

迎えに行こうかとも思ったけれど、どうにかうちに来るのを諦めてくれないかという酷い考えから、山手線に乗って池袋に行って、と言った。

「わかった」

と母は電話を切った。

母は山手線に乗れず、諦めて広島に帰ってくれるだろうと思っていたら、しばらくしてまた電話がかかってきた。

「池袋着いたよ」

母を田舎の人だとなめていた。

でも東武東上線はさすがにわからないだろうと、そこから東武東上線で新河岸っていう駅に行って、と言って電話を切った。

そして1時間後、

「新河岸着いたよ」

腹をくくった。もう全てを話すしかない。僕は母に道順を教えながら、家の前で待っていた。母は僕を見て、

「あんたどうしたの？　そんな破れたジーパンを穿いて」

こういうのが流行っているとかではなく、本当にお金がなくて破れたジーパンを穿いていた僕は、「これがいいんだよ」とひとこと言って、家に迎え入れた。

「部屋が汚いね、どうしたん？　勉強道具も何にもないじゃない？　学校行ってないん？」

——うん。

「じゃあ、何しようるん？」

——お笑い芸人をやっとる。

母は、「えぇ……なんで？」と言いながら、膝から崩れ落ちた。人間が本気で膝から崩れ落ちるのは、人生でこの瞬間しか見ていない。

そして母はすぐに電話をかけた。

「もしもし、今、卓の家に着いたんじゃけどね」

『ああ、よかった着いたんね』

受話器の向こうから漏れ聞こえてくる声は、実家のおばあちゃんのものだった。

「卓がお笑い芸人をやっとるって言うんじゃけど」

母の声が震えていて、見ると泣いていた。

『そんなこといけんよ、すぐ連れて帰ってきんさい！』


そこからの会話はよく覚えていないけれど、母が電話を切ったあとすぐに広島に帰ってきなさい！　と言うような気がしたので、電話を切ると間髪を容れずに、でもこないだ初めて新人が出るライブに出られるようになったし、そのライブに出られるのは限られた人だけじゃけえ、と、お笑い芸人を始めて2年でやっと摑んだ1回の舞台の話をした。

そんな小さな成果が母に伝わるはずもないのだけど、それを言うしかなかった。

そのあとも、色々な話をした。

お笑いをやりたいこと。もう就職する気はないこと。

お金は全部自分でバイトで稼ぐから——本来、お笑いの道に進むときに言っておかないといけなかったことを2年越しで伝えた。

でも母は「公務員試験を受けたら?」とか「お母さんの働いとる病院で働いたら?」と言う。僕の話が全く聞こえていないような、無理問答となっていた。

それは当然だし、広島大学に一浪して入った息子がお笑いの世界に進んだなんて、実家に帰っても、近所の人には隠しながら生活しないといけないくらいの出来事だ。

そしてその後、実際に隠して生活していたらしい。

その日、母は僕の部屋に泊まり、次の日の夜、僕は母を新宿に送って行った。

母が乗る高速バスの手配をして、今度は僕がバスを見送る。

バスの窓際の席に座った母は、上から僕を見ていた。

お笑い芸人になることを認めるとは言ってくれなかったけれど、その日は一度も、広島に帰って来なさいとは言わなかった。

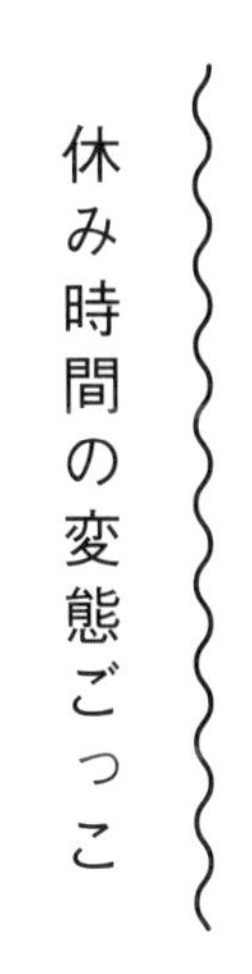

# 休み時間の変態ごっこ

僕が小学5年生の頃、男子がお昼休みにやることといえばサッカーだった。

対戦相手は6年男子。なぜか毎日休憩時間になると5年生対6年生の戦いがあって、しかもそれに命をかけるくらいの熱量で対決していた。

負けたらクラス全体が本気で落ち込むし、勝つと上級生に勝ったということで一日中嬉しい。

サッカーといえば、11人対11人でやるものだが、その辺のルールは関係なく、とにかく5年生なら何人参加してもいいし、6年生なら何人参加してもよかった。だから男子は全員参加していて、大体いつも25人対25人だった。

グラウンドにびっちり50人いるので、綺麗なパスなんて通るわけがなく、当然ポジションという意識もない。ボールが右に行けば右に、左に行けば左に、流れるようにただ夢中で皆がボールを追いかけていた。

それでもやっぱり運動神経のいい人が活躍するから、僕みたいな運動神経が悪い人間には、ボールが回ってこない。味方がボールを持っていて、へいへいとボールを要求しても、へいへいと言っているのが僕だと分かったら、違う人にパスを渡す。

それに対して、何でだよ！　と怒れるほどの技術もないし、もし実際にボールがきてミスをしたらどうしようという気持ちでへいへい言っていたので、他の人にパスがいくとホッとしていたのを覚えている。

たまたま弾みで僕のところにボールがきても、運動神経が良くて、サッカーが上手い3人の誰かに、ボールを速やかに渡さなければならない暗黙のルールがあった。

小学生なのにすでに、組織の歯車として働くサラリーマンのような現実を受け入れて過ごしていた。

そんなふうに参加しているので、ある日のお昼休み、45分間めいっぱいサッカーをやったのに、1回しかボールに触れないことがあった。僕はただただグラウンドを走っていただけだ。

あまりにも虚しくて、情けなくて、運動神経がいいクラスメイトにも何だか腹が立ってきた。

こんな辛い思いをするなら、と次の日のサッカーはボイコットすることにした。

しかし情けないことに、一人でボイコットする勇気もなかったので、友達の田辺君と大村君を誘った。

なぜその二人なのか。それは僕と同じように、ボールは回してもらえない、サッカーが下手くそな二人だったから。僕から見てもとてもじゃないけど、5年対6年の決戦に役に立っているとは思えなかった。失礼ながら声をかけると、あっさり二人ともオーケーしてくれた。

次の日から22人対25人になるけど、そんなこと知るか！　と思い、初めて3人で休憩時間の歯車サッカーから抜け出した。

スカッとして、革命を起こすような気持ちだったのを覚えている。

僕たち3人が抜けたら、クラスの男子たちが怒るんじゃないか？　と思っていたけれど、何でサッカーやらないの？　と言ってくるクラスメイトは一人もいなかった。

実のところ、小さな歯車が三つ抜けても何の影響もないのが悔しかったし、しかもその日は6年生に勝利したらしく、お荷物3人が抜けて5年生チームが強くなったようで恥ずかしかった。

抜け出して何をしていたのかというと、図書室に行って本を読んだり、学校の裏で蜂の巣を見つけて、それが危険だということを先生に報告したり。3人で校内をウロウロしていただけなのだが、サッカーをやっている時より楽しかった。

そしてある日、僕たち3人のチーム名を決めようということになった。

子供なりに色々考えたけれど、語彙力がないので、みんなと違うことをしている3人というニュアンスをうまく表現できず、「変態ごっこ」という名前に決まった。

あの時の僕がレボリューションとかレジスタンスという言葉を知っていれば、もっと格好がついたかもしれない。

その頃から僕たちが休憩時間にやるルーティンが決まり始めた。

「変態ごっこ」という言葉に触発され、どんどんみんなと違う遊びをやろうということになった。

学校の遊具をみんなと違う使い方をしないといけないというルールを決めて、例えばブランコは漕がずに、ブランコから隣のブランコにいかに早く渡れるか、そのタイムを3人で競った。

ブランコは四つあったが、すべてを15秒くらいで渡らなければいけなかった。単純だけれど結構難しい。

変態なので滑り台でも滑らず、滑り台の支柱を登ったところで休んで、コアラになりきるというだけ。

3人でコアラになって大満足だった。

他にも色々やってみたけれど、一番変わっていた遊びは、ジャングルジムだ。

ジャングルジムに登るとき、変態なので手を使ってはいけない。

足と顎だけ使っていいルールで、顎と首の間にジャングルジムの横棒を挟んで、足で1段ずつ上がっていく。足でガッと踏ん張った瞬間に顎を離して、さらに上の横棒を顎で挟む。そんなことできそうにないけれど、うまくバランスを取ると、手を使わずに頂上まで上がることができる。

これを3人で必死にやっている姿は、「変態ごっこ」の名に相応しかった。しかも、毎日本気でやっていた。

3ヶ月くらいすると、顎と足だけで物凄いスピードでジャングルジムの頂上まで行けるようになった。ちょっとした雑技団くらいには見えていたと思う。

「変態ごっこ」が半年くらい続いた頃、事件が起きた。

その日も、ジャングルジムを軽快に顎と足で登っていると、クラスの女子3人が声を掛けてきたのだ。

「何してるの?」

チーム「変態ごっこ」に緊張が走った。

まず、女子と気軽に話すことができるような3人じゃない。元々モジモジしている3人は、さらにモジモジし始めた。

しかも、よりによってジャングルジムを顎と足で登っているところを見つかってしまったのだ。何をしているのかの説明は難しい。

しかし、ここは腹をくって全てを話すしかない。そう思った3人は、普通の人がやらないことをやっていて、滑り台の支柱でコアラになったり、今はジャングルジムを顎と足だけで登っているのだ、と説明した。

本来なら、気持ち悪い！　と切り捨てられて終わりだと思うのだが、小学生というのは面白いもので、女子たちが「何それ！　やってみたい！」と顎と足だけでジャングルジムに登り始めたのだ。

しかし、初心者には難しいのか、全然登れない。

そこで、僕たち3人が半年間鍛え上げた技術で、ものすごいスピードで頂上まで登ってみせると、「凄い！　え〜〜!!　何で!!」と驚いていた。

その瞬間だけは間違いなく、同じグラウンドでサッカーをやっているどのクラスメイトよりも、「変態ごっこ」雑技団が輝いていた。

――その日の終わりの会。

終了間際に、先生が他に何かありますか？　と聞いた。

いつも「ありません」と答えて終わるのがテンプレートなのだが、その日、昼間に遊んだ女子の一人が手を挙げた。

「今日、田中君と、大村君と、田辺君とジャングルジムで……」

え〜!! そのことを言うのかよ!! 何で言うんだよ!! 「変態ごっこ」の3人は焦った。

そもそも、クラスの男子は基本的に5年対6年のサッカー対決に参加しないといけないのに、それを抜け出して「変態ごっこ」を始めた経緯を、その女子は知らないのだ。

クラスの男子にそのことを知られるのもやばいし、遊びの内容もやばい。

しかしその女子は、ご丁寧に顎と足でジャングルジムに登ったことを発表し、なぜか満足げにしていた。小学生女子の感覚はわからない。

そしてクラスに男子の失笑が溢れる中、先生が言い放った。

「休憩時間に男子と女子が一緒に遊ぶのはいいことですね!」

まさかの先生の賞賛に、「変態ごっこ」は社会的地位を得るという神展開を果たしたのだ。

かっこよく言えば、それは社会から外れた三つの小さな歯車が、新しい社会の中で動き出した瞬間であり、その歯車は前よりも少し大きく見えた! というような感じであった。

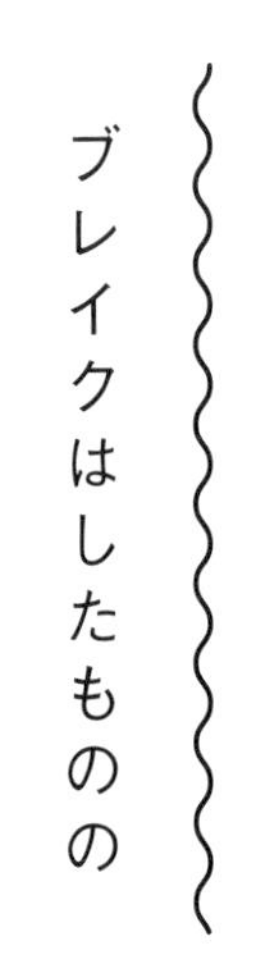

# ブレイクはしたものの

最近、テレビタレントの人が心労で休業するニュースを時々見る。そういうニュースを見ると、自分が若手芸人の頃に経験した出来事を思い出す。

今から15年くらい前の話。僕が相方の山根とアンガールズというコンビを組んでから、4年目のことだ。

当時、「爆笑問題のバク天!」というテレビ番組があって、その中に、売れていないお笑い芸人が出る新コーナーが出来るというので、僕たちはオーディションを受けることになった。

そのコーナーの意図が、人気お笑い番組の「エンタの神様」に出られない、とにかく変な芸人が出るというものだったので、僕たちはショートコントのジャンガジャンガのネタを持っていった。

恥ずかしいけれど、ジャンガジャンガのネタを一応説明するとすれば、道端で人がすれ違う時に、ぶつかりそうになって避けようとしたら、同じ方向に避けてしまってグズグズになったりするような、日常生活で微妙な空気が流れてしまった瞬間を切り取って、ジャンガジャンガと言いながら強引に落とす、というもの。

ただ、そのネタは自分たちは好きだけど、先輩のお笑いライブに出た時に600人のお客さんの前でダダ滑りしていたので、全く自信が無かった。でも変なネタであることは間違いないので、オーディションに持って行ってみたら、合格してしまった。

ゴールデンの番組に出るのが初めてだったので、正直こんなネタを流して大丈夫かなと思っていたが、本番ではスタジオにいる爆笑問題さんや、ネプチューンの名倉さん、ふかわりょうさんら先輩方が、めちゃくちゃ笑ってくれた。そしてすぐにその番組から「こないだみたいなショートコント、沢山作って！」とオーダーが来て、それからは番組で毎週、ジャンガジャンガをやることになった。

それまで、深夜番組には何度か出たことがあったけれど、ゴールデンの番組のパワーは凄まじかった。僕たちはお笑いブームの波に乗って、「笑っていいとも！」や「アッコにおまかせ！」、「踊る！さんま御殿!!」など、それまで出られるはずがないと思っていた番組に次々と出られるようになった。

「エンタの神様」に出られない芸人というコーナーで出て来たのに、「エンタの神様」にも毎週出られるようになった。ジャンガジャンガは流行語大賞にノミネートされたり、女子高生に「キモかわいい！」と言われたり、何もかもが変わった。

同時に、今まで自分の人生で感じたことのない、重苦しいプレッシャーという冷たいコンクリートを、背中にドンッと乗っけられた気がしていた。


4年目でブレイクというのは芸人にとってかなり早い方で、当然実力に関しては全くというほど無い。トーク番組やリアクション番組に他の芸人さんと一緒に出ると、明らかに自分の実力不足を感じた。

もちろん、芸歴4年以内で売れてもトークやリアクションが面白い人はたくさんいる。けれど、自分には何もかもが足りていない。

コントだけやっていれば芸人としてなんとか誤魔化せていたメッキみたいな輝きが日に日に剝がれて、自分が追い詰められていった。

そして、4年の間に溜めてきたネタも底をつくことになる。「エンタの神様」の収録が明日に迫っているのに、披露するネタがまだ出来ていないという状態になり、前日に一人でファミレスに籠ってネタを考えていた。

深夜0時………1時…………2時、まだ案が浮かんでこない。3時を過ぎた頃にやっとアイデアが浮かぶ。

しかしアイデアが浮かんでも、それをまとめていくのに眠くて頭が回らない。今日の収録が何らかのハプニングで無くならないか？　という気持ちが浮かんできては、そんなことあるわけがないと、逃げ道が全くないことに気が付く。

4時を過ぎ、空が白くなってくるのが地獄の幕開けに感じられた。朝5時にようやくネタが完成して、それを山根のところにＦＡＸで送り、家で必死に覚える。そのあと9時にテレビ局に集合、ネタ合わせをしてリハーサルをして、昼過ぎにはお客さんの前で本番。

頭にネタがちゃんと入っていないから、セリフもカミカミ、カミカミだけならまだしも、本番中なのにセリフが飛んだ。お客さんも、何が起こってるの？　という空気になりざわつき出す。

これはまずいとディレクターさんが判断して、収録中なのに急遽幕を閉めてもらった。

舞台裏でセリフをもう一度チェックして、やり直しをさせてもらったけれど、それでもまたセリフが飛んで、グズグズのままネタが終了。

お客さんが帰った後に残り、撮り直しをさせてもらった。

落ち込んでいる暇もなく、そのまま他のテレビ局の収録に行って、トークで全く活躍できないまま一日が終わる。

なんとか実力を誤魔化せていたネタでさえもクオリティが出せなくなって、どうしていいかわからなくなった。

ただ、実力がないままブレイクするというのは怖いもので、滑っても仕事はまた来る。その仕事でまた滑る。

出口の見えない状態が1ヶ月くらい続いて、何もかもが楽しく感じられなくなった。

そんな時に、マネージャーさんから「今度、雑誌で対談する仕事がはいってるんだけど、相手を選べるみたいで、希望ある?」と聞かれた。

先輩芸人さんとか、俳優さんとか、ミュージシャンとか考えたけれど、今そういう人たちに会っても楽しく喋れる自信がなく、ふと思いついたのが、蛭子能収さんだった。

僕は蛭子さんの漫画が好きで、当時はバラエティを観ていても芸人さんを見たら仕事のことを思い出して心から笑えなかったけれど、蛭子さんのことは漫画家として見られるので、素直に笑えていた。

ただ、路線バスの旅で大人気になる前の蛭子さんなので、対談したいと言ったら、「え? なんで?」とマネージャーさんに不審がられた。まあ、そうだろう。

ありがたいことに蛭子さんからもオッケーが出て、無事に対談は実現した。渋谷にあるルノアールの貸会議室で待っていると、しばらくして蛭子さんが到着した。

僕は直に会うのが初めてだったしファンなので、緊張しながら、

「すみません、田中です。今回、対談を受けてくださってありがとうございます」

と言うと、蛭子さんは、

「へへへ、まぁ僕はギャラがもらえれば何でもいいから」

とニヤニヤしながら答えてくれた。おかげで緊張が解れたのを覚えている。

それから漫画のことを色々話して、僕は今の悩みを蛭子さんにぶつけてみたくなった。

最後に、ちょっといいですか？　僕は毎日、仕事で滑っているんです。でもブレイクした勢いだけはあるから滑っても仕事が来る、どうすればいいかわからないです、と……。

今考えたら、なぜそんなことを芸人でもない蛭子さんに聞いたのかはよくわからないし、そもそも、そんな悩みを持っていることを知られるのが恥ずかしくて、誰にも言いたくなかった。

でも蛭子さん自身が、ギャラがもらえれば何でもいいとか言ってしまえる、心のガードがゼロな人だから、こちらも心のガードがついつい緩くなってしまったんだと思う。

僕が質問すると、蛭子さんは「う〜ん」と5秒くらい考えて、

「僕はね、以前、競艇雑誌とエロ雑誌で、同時期に漫画の連載をやってたの。で、たまたま、その両方の締め切りが一緒に来ちゃって、大慌てで漫画を描いて封筒に入れて編集部に送ったんだけど～、1週間くらいして、あーっ！　と気づいたんだけど～、競艇雑誌の方にエロ漫画を送って、エロ雑誌の方に競艇漫画を送ってたの。やばいな～？　って思って焦ったんだけど、誰にも何にも言われないからその雑誌を立ち読みしてみたら、両方ともそのまま掲載されてたんだよね～。だから田中君も滑ったとか気にしてるけど、そもそも世の中の人、そんなに田中君のこと見てないよ」

と言った。

一瞬、腹の立つことを言われたような気がしたけれど、確かに人の目を気にしすぎていた自分にも気づいた。よっぽどのファンじゃない限り、どこで誰がどのくらいウケて、どのくらい滑っていたかなんて、覚えていない。

僕は、1回滑ったら、全国民がそのことを覚えているのではないかと思ってしまっていた。蛭子さんの言葉で、この1ヶ月の悩みがパッと晴れて、気持ちが落ち着いた。

蛭子さんはその時、七福神の恵比寿さんのように神々しく輝いて目の前に座っていた。

それからは滑っても気にしすぎず、できることをまずしっかりやろうという気持ちになり、仕事を少しずつ楽しめるようになっていった。

この対談がなかったら、僕はプレッシャーに潰されて、芸能界からリタイアしていたかもしれない。

それから10年が経ち、蛭子さんと二人でドライブをするという仕事があった。

二人きりでガッツリ喋るのは対談した時以来だったので、その時に助けてもらったことを10年ぶりに打ち明けてみた。

「蛭子さん、僕ね、実は蛭子さんが心の恩人なんですよ」

「え？　僕が？　何で？」

「10年前に対談した時に、蛭子さんが僕に言ってくれたことがあるんです」

「え？　対談なんてしたっけ？」

「……。えっ……」

蛭子さんは、そもそも僕と対談したこと自体覚えていなかったし、その時言ってくれたことに感謝しているんですと伝えても、へ〜そんなこと言ったのか〜全然覚えてないな〜と答えて、全く嚙み合わなかった。今思い出しても笑ってしまう。

その日唯一嚙み合ったのは、たまたま、僕も蛭子さんもオレンジ色のVネックのセーターを着てきたこと。

ロケでは蛭子さんが僕の似顔絵を描いてくれて、その絵は部屋のリビングに飾った。

それが、6年前の話。

先日、蛭子さんが軽度の認知症になったというニュースを見た。

認知症になる前から、僕との対談のことを忘れていたくらいだから、多分、蛭子さんは今聞いても「そんなことあったっけ？」と僕の似顔絵を描いたことも、同じ色のセーターを着ていたことも忘れてしまっているかもしれない。

「そもそも世の中の人、そんなに君を見てないよ」

もし蛭子さん自身がこの話を忘れてしまったとしても、あの時の僕のように必死にもがく誰かがこの言葉に救われることを願いながら、この文章を書いている。

# 最高の食事

食事というものは、毎日のことで何気なく過ぎて行く。けれど、毎日の積み重ねだからこそ、色んな想いが詰まっていて、時にその感情が意外な形で僕の前に飛び出してくることがある。

僕は一人暮らし歴がもう26年になり、年齢が45歳なので、一人で暮らしてきた時間のほうが長い。

ここまで来ると、一人でご飯を食べるということに全く寂しさを感じない。

よく芸人同士、仕事が終わると今日の収録の話や、他愛もない話をするために、みんなでご飯に行くことがあるけれど、それが大好きな芸人もいれば、正直それがなくてもいい芸人がいる。僕はどちらかといえば後者に近いと思う。

さっと家に帰ったら帰ったで、一人で好きなテレビを見たりゲームをしたり、そんなことをするだけで十分楽しいからだ。

ただ、自分の中でテンションが上がる食事というのはある。たとえば焼肉や寿司、それから牛丼！

お笑い芸人を始めた頃、お金がなくて節約していたために、月に一度だけ贅沢として、牛丼屋さんの牛丼を食べてもいい日を作っていた。

普段は食パン半分とか、袋入りのラーメン（出前一丁やサッポロ一番みそラーメン）を半分に折って、スープの素も半分だけ使って、一袋で2食分にして食べていたりしたから、その、月一度の牛丼の日に食べる牛丼がたまらなく美味しかった。たぶんそのせいで、今も牛丼を異常に食べたくなる日があるのだと思う。

そんな生活をしていたから、188センチの身長で58キロまで体重が落ちた。

若い頃の自分の写真を見ると、頬がめちゃくちゃ凹んでいて、太ももがめちゃくちゃ細くて、脚が上から下までずっと同じ太さで、ロボット兵みたいだった。

あの頃にだけは戻りたくない。

テンションが上がる食事の一つに、ホカ弁も入っている。

うちの近所のホカ弁屋さんは早くに閉まってしまうので、なかなか仕事終わりに買うことができないから、個人的にレアな食事なのだ。ある日、閉店ギリギリに弁当屋さんにかけこんで、海苔ミックス弁当を手に入れた。

ご飯の上におかかがびっしり載っていて、それを海苔で綺麗に覆ってある。あとは唐揚げ、ハム、ケチャップスパゲティ、白身魚のフライ、サラダ。一人暮らし男子としては、こんなに沢山の品目を食べられる弁当は最高の食事である。

お味噌汁もサービスで付いて来る日だったので、心を躍らせ嬉しさを感じながら家に向かう。右手に持っているビニール袋を、お弁当が入っているのに前後に振ってしまうくらい、浮かれていた。

最高の気分でマンションに着き、オートロックのドアを開けて入ったところで、同じマンションに住んでいる友達の芸人、ロバートの山本君が前から歩いてきた。

山本君の後ろには、お子様を連れた奥様もいた。

そのとき、僕の中に今までなかった気持ちが湧いてきた。

『ああ、山本君は、このあと奥様が作った美味しいご飯を食べるんだ……しかも、今日だけじゃなくて、明日も明後日も』

そう考えると、最高の食事だと思っていた海苔ミックス弁当の価値が、どんどん下がっていった。全く価値の無いものにすら見えてきて、これを持ってウキウキしていた自分がものすごく恥ずかしくなった。

そして即座に、海苔ミックス弁当が入ったビニール袋を、太ももの裏に隠した。

必死に山本君と弁当の対角線上に太ももが来るようにしていたので、おそらく山本君には、エロ本かなんかを買ったのかな？　と思われただろう。

そのまま山本君夫婦に挨拶をして、僕は自分の部屋に入った。

一人暮らしなんて何にも寂しくないと思っていたけれど、それは強がっていただけ、というのを自覚させられてしまった悲しさに打ちひしがれながら食べる海苔ミックス弁当は、味がなんだか薄くて、中でも元々味が薄い白身魚はほとんどなにも感じなかった。


お弁当にまつわる話がもう一つある。

それは某バラエティ番組に参加した時の話で、何人かの芸人とその母親も一緒に出演していた。

母親は息子が小さい頃に作っていたお弁当を再現して持って来ており、それを色々なタレントさんが見て、食べたいと思うお弁当を順に指名していく。

選ばれたら抜けていき、最後に誰のお弁当が残るのか？　という趣旨の企画だった。

僕の母が提出したお弁当を見ると、本当に僕が中学生や高校生の時に食べていたお弁当そのままで、冷凍の唐揚げ、プチトマト、卵焼き、白いご飯、半分に切ったみかんなどなど、一切テレビ的な演出の入っていない、無防備なお弁当だった。

収録は進み、僕の母のお弁当はなかなか選ばれないまま、最後の2択にまで残ってしまっていた。

僕の母はこれまでにもしょっちゅうテレビに出演していたし、バラエティにも慣れていて、毎回驚くほど笑いをとって帰るので、正直、どう転ぼうが心配ないと思っていた。

そして、最後の判定でタレントさんが選んだのは母のお弁当ではなかった。母のお弁当は最下位になった。

選ばなかった理由を尋ねられたタレントさんは「冷凍食品が入っていて愛情を感じられない」と言った。

タレントさんも何か言わなければならないから、仕方なくそう理由を言ったのだろうし、悪くはない。

それを聞いて、「さあ母の面白いコメントが出るぞ!」と思いながら待っていると、どんな状況でも強気で笑いを振りまいてきた母が落ち込んでしまっていた。

いつもの笑顔が消えて、ただうつむいていただけだった。

これを見た瞬間、僕はヤバイ……と思った。確かに母はバラエティモンスターかと思うくらい面白い人だけど、芸人ではない。特にこういう母としての愛情を問われることに対してうまく返せるような強さは持ち合わせていない、一般の人だということを忘れていた。

あまりに母が強い人だから大丈夫だと思いこみすぎていたことに気づき、僕はここから、自分のバラエティ人生の中でも3本の指に入るくらいの、大立ち回りをする。

「おい！　お母さん落ち込んでるだろ！　冷凍食品がダメとか言うけどな、うちのお母さんは共働きで看護師をやっていて忙しかったんだよ！　3交代で忙しい中、弁当も作ったから、冷凍食品くらい入るんだよ！　でもな、身長を一番伸ばしたのはこの弁当だ！」

すると、母は涙を流していた。

看護師時代の母は、朝8時に出て行って夕方帰ってきてから僕たちのご飯を作ったり、準夜勤だと16時から病院に行って0時に家に帰ってきたり、23時に病院に行って朝9時に帰ってくることもある、生活が不規則になる大変な仕事をしていた。

なかなか親への感謝の気持ちなど伝えるタイミングがないから、こんな状況がきっかけといえど、お弁当を3人兄弟分きっちり作ってくれたことに感謝していたと言えて良かったと思ったし、自分が働くようになって、仕事をしながら子育てするなんて凄すぎるな、と感じていた矢先でもあったので、そういう尊敬の言葉がスルスルと出てきた。

たぶん、仕事が暇な頃だったら、そんな言葉は出なかったと思う。

それを言い放った勢いで、スタジオで母のお弁当をバクバク食べて「母ちゃん美味いぜ！」と言うと、母はありがとうと答えてくれた。

この状況がウケたので、これで何とかなった！　と思いホッとしていると、周りの他の芸人のお母様がみんな泣いていた。

これで番組的なオチもついて、結果的には全てが上手くいった。

ここまで読んでもらったら、自分の好感度も上がるような気がするけれど、この大立ち回りをしたのは、過去に家族に嘘をついて芸人になり、母を泣きながら膝から崩れ落ちさせたことがある男と同一人物なので、お忘れなく。

# 朝のパチンコ屋で

僕は、自分のことを底辺の人間だと思ったことがある。

25歳。お笑い芸人になったものの、売れる気配もなく、20代も半ばなのに、バイト生活を続けていた。

休日があっても、遊ぶお金はない。そんな僕を救ってくれたのは図書館だった。

本を読むのも、流行りの音楽CDや落語のCDを借りるのもタダ。

何もしていないと、自分の社会的底辺具合からくる不安に押し潰されそうになっていたので、当時の僕にとって、行くだけで、今日は何かしたという満足感を得られる場所だった。


その図書館へ向かう途中に、朝9時頃通ると、決まって行列をなすパチンコ屋さんがあった。

並んでいる人は、目の据わったおじさんや、ちょっと怖めな若者など、一癖も二癖もあるような人が多かった。

僕はその頃、人生で一度もパチンコを打ったことがなかったので、その人たちがなぜ並んでいるのか、全くわからなかった。

きっと開店と同時にパチンコが打ちたくてたまらないから並んでいるのだろう、くらいに思っていた。

後に知ることになるのだが、自分の打ちたい新台をいち早く取るためだったり、少しでも勝つ確率が上がるように、狙った台を取るための努力で並んでいたのだ。

僕はそんなことを知らないから、勝手なイメージで、

「朝からパチンコに夢中になっちゃって、この人たちは終わってるな〜底辺だな〜」

と思いながら、その前を通りすぎていた。

25歳にもなって、全く売れないお笑い芸人をやって、パチンコをやるお金すらないほど僕が底辺であるのに、なぜか「あの人たちには勝っている」と思っていたのだった。


そんな僕だけど、実はパチンコ屋さんで働いたことはあった。

大学生の頃にパチンコ屋さんでアルバイトをしていたのだ。一度も打ったことがなくても、働くことはできた。パチンコ台に玉が詰まったらその玉を取り除いたり、床に落ちた玉を拾ったり、掃除したり、大当たりが来た人のところに玉を入れる箱を持って行ったりする。立ち仕事だけどエアコンが効いて時給もいい、楽な仕事だった。

唯一大変なのが、毎日19時になると始まる、フィーバータイムというイベント。

フィーバータイムになると、T-SQUAREの「TRUTH」(フジテレビ「F1グランプリ」の曲)がパチンコホールに大音量でかかる。

ただでさえ騒がしい店内が、爆音で満たされ、さらにその爆音を押しつぶす程の勢いで、お客さんの気持ちをたかぶらせるノリノリなマイクパフォーマンスをしなければならない。

僕はマイクを持って、バイトの先輩がやっているのを見様見真似で必死にパフォーマンスする。

その煽り方はもう、夜の街でいかがわしいお店の客引きをしている人みたいな口調で、モジモジ人生を送っていた僕は顔を真っ赤にしながら、自分の殻を破るように叫んでいた!

「さぁ〜いらっしゃいあせ〜いらっしゃいあっせ〜! あ〜りがとうございます〜〜いらっしゃいあせ〜! 本日はパーラーダイアナにお越しいただき〜、誠に〜〜あっ誠に～ありがとう～～ございます。本日いらっしゃいました全てのお客様に～厚く～深く～、深く～厚く～御礼申し上げます～さぁ222番台（ふたひゃく～ふたじゅう～ふたばんだい）のお客様～ビッグボーナスゲームおめでとうございま～す。おおっと、356番台のお客様～～3連チャンのビッグボーナスおめでとうございま～す」

それからは、今、大当たりが来ている人を片っぱしから実況していく。

他のバイトの先輩達も全員マイクを持っているので、タイミングが難しい。

爆音の中、先輩の実況の隙間を見つけては、「おおっと!!」「さぁさぁ止まりません！」と言葉を続けていく。

日常生活では1回も発したことがない言い回しを使うものだから、自分が自分じゃなくなっているような感覚。

僕の中にいる勝手なイメージの古舘伊知郎さんを召喚しては、勢いよくパフォーマンスしていた。

19時から20時まで1時間ずーっと実況を続けるものだから、最後はいつもお客さんの誰より、自分が興奮していた。

ガンガン煽っている割には、ビッグボーナスゲームというのが一体なんなのか？どのくらい凄いことなのかすら全く分かっていなかったので、今考えたら滑稽な時間だった。

そんなバイト経験もある僕が、なぜ人々が朝パチンコ屋に並ぶ理由を知らなかったかというと、僕の働いていたパチンコ屋さんは、めちゃくちゃ田舎にあったのだ。田舎のパチンコ屋さんは、朝並ぶ人なんていなければ、開店と同時に人が入ってくることもほとんどなかった。

だから図書館への通り道にある、そのパチンコ屋さんだけ、開店と同時に行けば、何かものすごいものが貰えるんじゃないか？　と思うようになり、その前を通るたび、気になる気持ちが大きくなり、とうとう自分で行って確かめることにした。

パチンコデビューをするのだ。

偵察の前日、朝9時の開店に間に合わせるために、目覚まし時計を8時半にセットした。

ただ、当日になって目は覚めたものの、ダラダラしていたら、家を8時55分に出ることになってしまった。

急いでパチンコ屋さんに向かったが、行列のおじさんたちは既にお店の中に入ったところだった。

僕もおじさんたちに1～2分遅れてお店に入り、何かいいものが貰えないかキョロキョロしながら店内を歩いていると、誰も座っていないパチンコ台の受け皿のところに、パチンコ玉が100発くらい入っているのを見つけた。

周りの台を見ると、5〜6台置きくらいに100発くらい玉が入っている。

「これだ！……」その時僕は、瞬時に全てを悟った。

お店の人が、朝早くからお店に来てくれるお客さんに感謝して、何台かのパチンコ台に100発無料で玉を入れておいて、早い者勝ちでプレゼントしてくれる。この100発を求めて、おじさんたちや若者たちが並んでいたんだ！　と。

そして、僕はすぐにその台に座って人生初のパチンコを打ち始めた。

ビギナーズラックでフィーバーしないかなぁという思いも虚しく、玉がどんどん吸い込まれていく。とうとう無くなりそうになった頃、背後から「おい！　てめぇ！」という声がした。僕は振り向こうとしたが、それを待つことなく、誰かに髪の毛をガッ！　と摑まれた。

頭をグイッ！　と後ろに引っ張られたために視線が上を向き、天井が見えたと思ったら、そのまま椅子から凄い勢いで引きずり下ろされ、床に背中から叩きつけられた。

なぜか、知らないおじさんが僕のことを攻撃してきたのだ。

叩きつけられて終わりかと思ったら、おじさんはまだ髪の毛を摑んでいて、3回グイングインと振り回され、投げ捨てるように僕を床に放った。

あまりの急な出来事に、自分が現実逃避をしたかったのか、自己防衛本能なのかわからないけれど、その時なぜか「髪の毛って大量に摑まれたらあんまり痛くないんだなぁ」と考えていた記憶がある。

パチンコ屋の床で仰向けになって見上げると、おじさんが悪臭漂うドブを見るような目で僕を睨んでいた。

「俺の台だろ！」

何を言っているのか分からなかったけど、咄嗟に、

「すみません……」

と謝った。

「金入れろ！　千円！」

「はい」

この瞬間僕は改めて、真実を悟った。

先程悟ったことは、全て僕の妄想であって本当は違った。

早朝１００発無料キャンペーンの真実はこうだ。

おじさんたちは朝早くから、ただ単に自分の打ちたい台で打つために並んでいた。開店と同時にダッシュして、自分の打ちたい台に千円入れて、とりあえずパチンコ玉を出しておくことで、「これは俺の台だぞ！　取るんじゃねえぞ！」というマーキングみたいなものをしていたのだった。

パチンコをやっている人からすれば当然のルール。

その人たちは朝から並んでいたので、一度台から離れてトイレに行ったり、コーヒーを飲んだりして一服した後、戻ってきてパチンコを楽しむ。

僕は、そのトイレ休憩の合間に店内に入ってきて、玉の入った台を見つけて勝手に早朝100発無料キャンペーンの妄想を繰り広げ、目の前のパチンコ台に飛びついてしまったのだ。

もうお気づきだと思うが、僕はどこかの知らないおじさんが一生懸命並んでマーキングした台を奪い、さらにそのおじさんのお金で出したパチンコ玉をガンガン打っている異常者になっていた。

恐らくおじさんは戻ってきた時に「とんでもない強者が自分の台を平然と打っている!」と、ある意味ビビったと思う。

僕は財布から千円札を取り出し、パチンコ台にお金を入れようとしたけれど、パチンコ台のお金を入れるところは縦なので、震えて上手く入らない。千円札を持った手の手首を反対の手で摑んで、少し震えを抑えると、お札はようやく吸い込まれていった。

パチンコ屋さんに並ぶ人を見ては、「あの人たちには勝っている」なんて勝手に見下していた僕は、その人にドブのように見下され、逃げるようにパチンコ屋さんを飛び出した。

パチンコ屋さんの前を通るたびに勝手な優越感に浸っていた自分を恥じて、全てを振り切るように自転車を漕いで家に帰った。そのまま布団に入り毛布を頭から被った。目をぎゅっと瞑って体を丸めると、心臓の音がうるさかった。

僕のパチンコデビューは勝つどころか、あっという間に終焉を迎え、毛布の中で心音がフィーバータイムのように耳に響いていた。

# 「待て！　そこの新選組!!」

芸人になると、先輩との付き合いの中でいろんなことを覚えていく。

僕が若手の頃、一緒によく遊んでもらっていた先輩は、ビビる大木さん。

既に大木さんは売れまくっていて、売れっ子の大木さんに、週に3回くらいは美味しいご飯を奢ってもらったり、その後銭湯に連れて行ってもらったり、レンタルビデオ屋さんで映画を借りて一緒に観たり。僕自身は芸人としての仕事はゼロだったけど、テレビに出ている人と一緒に過ごすことで、何だか自分も売れているような気分になっていたと思う。

そんなに色々お世話になっているのに、僕が大木さんにしてあげられることは何もない。その代わりになっているのかわからないけれど、大木さんが遊びたいと思った時に呼ばれたら、すぐに飛んで行って相手をするようにしていた。

若手芸人は自分のスケジュールを先輩に全て渡すことで、先輩との需要と供給のバランスを取るのだ。

一緒に過ごす中で、テレビの世界のことも教えてもらった。

当時の僕が一番びっくりしたのは、大木さんがテレビの番組に出るために、ものすごく準備をしていた姿だ。

それは年末の特番で、タレントさんが記憶力を競い、芸能人100人の血液型、星座、干支を覚え切れるか？　という企画。

大木さんはその企画にチャレンジするタレントの一人として出演することになっていた。

収録の1週間前から毎日ファミレスに呼び出されて、僕が問題を出して、大木さんが答える。

それを夜中まで繰り返して、大木さんは眠い目を擦りながら覚えていき、1週間でほぼ完璧に仕上げていた。

そして本番、大木さんは見事優勝を勝ち取った。

素人同然だった僕は、タレントさんはいつも楽しそうで、クイズで賞金をもらったり、ワイワイ騒いでいて楽にお金を稼げていいなぁと思っていたけれど、一つの番組に出るためにここまで努力することがあるのだと、衝撃を受けた。

仕事が大変になっても、この時の大木さんの姿を思い出して頑張れるくらい、今でも印象に残っている。

そんなストイックな大木さんは会うたびに、「今日は何をしていたの?」とか「なんか最近あった?」と聞いてきた。そこで、僕が最近あった面白い話をすると、大木さんはクスリとも笑わず、「トークが出来ないとだめだぞ!」とダメ出しをしてきた。一緒に遊ぶことがトークのスパーリングになっているみたいなところがあって、プロボクサーを相手にふるう素人同然の僕のパンチは、空を切るばかり。

それでも僕と遊んでくれるのだから、何とか笑ってもらいたくて、大木さんと会う前に喋ることをノートにまとめたりするのだけれど、全くうまくいかない。面白い話も出来ないので、せめて誘いは断らず、待ち合わせにも1秒たりとも遅れないことが、自分に出来る唯一のことだった。

芸人1年目。スケジュール帳が大木さんと遊ぶ予定で真っ黒になっていた。

一緒に遊ぶのは基本的には楽しい時間なのだが、たまに面倒くさい時もあった。

ある日、大木さんが「伊豆の踊子」を観たいと言うのでレンタルビデオ屋さんに行くと、歴史がある作品のため、吉永小百合さんや山口百恵さん他、色々な俳優さんの主演でリメイクされており、複数の「伊豆の踊子」がそこに並んでいた。

大木さんは「どれが一番良いんだろうな……」と悩み始め、僕が「とりあえず一番新しいのを借りて観ますか？」と聞くと、

「いや、とりあえず、これと、これと、これの3本借りて、全部観よう」と言い出した。時刻は夜の11時30分。

冗談かと思ったら、大木さんはギラギラと本気の眼をしていた。

深夜の1時に1本目の上映開始。

孤独な生い立ちの学生が伊豆へ旅行に行って、旅芸人一座の踊り子の女の子に恋をする物語だった。

3時くらいに観終わって、そこから2本目。

主演や監督が替わっていても、ストーリーが同じなので、はっきり言って何のワクワク感もない。

でも大木さんは「ここのシーン微妙に違うな……」と、興味津々。

後輩の僕としては「確かにここ、もっと長い尺でやってましたもんね」と相槌を打ち、さらに、大木さんばかり違いを発見していたら集中していないように見られるので、自分から「ここ全然セリフ違いますね」と言ってみたりして、眠いということを悟られないようにしていた。

2本目が終わったのは朝5時。

流石に寝てくれ！　という僕の思いも空しく、大木さんは「よし、3本目を観よう」と借りてきた中で一番古い時代の「伊豆の踊子」をビデオデッキに差し込んだ。

その作品は昭和の初期に作られ、映像も白黒で、画面に筋が入ってパチパチしていた。この時間からこのクオリティの映像を観るのは疲れるなとため息が出そうになるほどだったのだが、大木さんは「うわ〜これは、凄いな〜！」とより興味を持って観ていた。

「そうですね！」と返しながらも、学生が出てくるなり、彼の恋路の悲しい結末はもう分かっている。

僕は始まって20分程で気絶するように寝てしまい、ふと目が覚めたら1時間くらい経っていた。

一方大木さんはまだ眼をギラギラさせながら、3人目の踊り子を食い入るように観ていた。

大木さんのほうがテレビの仕事などで疲れているはずなのに、この集中力。

ただビデオを観ているだけの姿なのに狂気を感じた。

僕は大木さんにスケジュールを渡すことしかできない人間なのに、大木さんを残して寝てしまった。

でもこの集中力なら僕が寝ていたのを気付かれていないかもしれないと思い、そこから平静を装い観続けたけれど、映画が終わったあと「田中寝てただろ？　何で寝たんだ？」とやっぱりバレていた。

僕は「すみません、ちょっと寝てしまいました」と素直に謝った。

以前に大木さんが自分と遊んでいる時に誰かに眠られることをすごく嫌がっていたのを見たので、この場を何とかしようと「これ、3本目もう1回観させてください！」とお願いしたら、「同じものを観るわけないだろ！」と余計怒られた。同じ物語を3回観た人のセリフとは思えなかった。

それからしばらくして、大木さんから「今日と明日空いてる？」とメールが入った。

詳しく聞くと、今夜から京都に旅行するんだけど、車で行くから、ドライバーをやって欲しいとのこと。

僕は、京都に行くなんて小学生の修学旅行以来なので、喜んでオッケーしたものの、出発が深夜0時。またもや睡魔との闘いだった。

何でいつも大木さんは真夜中に行動するのだろうと思ったけれど、テレビに出ている人は忙しいから、こうやって僅かな隙間を縫って旅をして、自分の引き出しを増やしていくしかないのだと、今ならわかる。

0時に集合して高速道路で5時間。京都に到着すると流石に大木さんもクタクタで、朝5時に少しでも安いところと、ラブホテルに泊まった。と言っても寝たのはたったの2時間だけ。

体はボロボロの状態で旅行再開。

大木さんは幕末の歴史が好きなので、坂本龍馬ゆかりの地を旅して回った。

寺田屋や、池田屋の跡地、新選組の隊士のお墓。そんな中で大木さんはあるものを見つけた。

「おい田中、新選組の法被があるぞ、5500円もするのか」と悩み始めた末に、「もしこれを着て京都を歩いてくれるなら、買ってあげる」と言われた。

女の子が旅行中だけ浴衣を着ているのとは訳が違う。法被の後ろに大きく「誠」と書かれていて、これを着て歩いている外国人の観光客すら見たことがない。

でも、旅行代を全部出してもらっている僕が出来ることは、この期待に応えることくらいしかないので、僕は考えるのをやめて「欲しいです!!」と叫んだ。

そこから、僕は頭に鉢巻を巻いて法被を羽織り、新選組の隊士の格好で、京都の街を旅することになる。テレビに出ていた大木さんではなく、全くテレビに出ていない僕を、みんなチラチラと見て、写真をこっそり撮る人もいた。

「新選組っていうのは、幕末の京都において、警察みたいな役割をしていたんだ。田中も京都の街を警備しながら歩け」と大木さんに言われて、「はい！」と勢いよく返事をしたけれど、どう見ても怪しい人物は僕のほうだった。

大木さんは嵐山の渡月橋に着いたところで、「田中、新選組も渡月橋を渡ったかもしれないから、この橋の向こうから走ってきて、俺の前まできて、新選組だ!! と叫んでみてくれ」と言った。

若手芸人と言っても、半年前までただの一般人だった僕は、めちゃくちゃ恥ずかしかったけれど、先輩に頼まれては逆らえない。50メートル先まで行って、全力で走ってきて「新選組だ！」と言うと、大木さんは少し笑っていた。僕と一緒にいる時はほとんど笑わないのになと思っていたら、よほど気に入ったのか、頼まれてその後5回くらい同じことを橋の上でやった。

大木さんは旅行が終わって解散する時にも「この法被を、今度東京で遊ぶ時にも着てきてくれ！」と言った。しかも「遊ぶ時に俺の家の前で着るんじゃなくて、自分の家を出る時から着てきて欲しい」と。

それから2日後。大木さんから飯を食べようと誘われたので、家の玄関を出てすぐにその法被を羽織り、自転車で大木さんの家に向かった。べつに大木さんが見ているわけではないので、着く直前で着れば良いのだが、「誠」を背負ってそんなことはできない。

自宅を出るのが少し遅れてしまい、三軒茶屋の街をものすごいスピードで自転車をこいでいた。

法被をなびかせながら角を曲がったら、道端にいた警察官と目があった。まずいと思ったが、もう手遅れ。その警察官は僕を見て、確実に怪しい奴と睨んできた。

東京の街を新選組の法被を着て自転車に乗って全力で走っている奴を、まともな人間だと思ってもらうほうが難しい。

横をすりぬけると、警察官がちょっと止まって！　と言ったが、でも正直ここで止まったら大木さんとの待ち合わせに遅れてしまう。僕は何も悪いことをしていないという自信があったので、僕に言っているのではないと自分に言い聞かせ、そのまま去ろうとしたら、その警察官は慌てたのか、「あっ、ちょ、おい、待て！　そこの新選組!!」と叫んだ。

警察官が「新選組！」と言った衝撃と、名指しの自分への呼びかけに、僕は自転車のブレーキをかけた。

京都で「新選組というのは、幕末に警察の役割をしていた」と聞いていたのに、現代で、新選組が警察に職務質問されている。何だか情けない気持ちになった。

結局、大木さんの家には待ち合わせから10分遅れで着いた。怒られるのを覚悟でこの話をしたら、大木さんが今まで聞いたことがないくらい大きな声で笑ってくれた。

# 初めてのテレビ収録

アンガールズを組んで2年が過ぎた頃。僕達はまだ一度もテレビに出たことがなかった。

ほとんど毎日アルバイトをして、時間がある時にネタを考えて、月に2~3回、都内で開催されるお笑いライブに出ながら、いつかはテレビに出られるようになりたいと芸を磨いていた。

ただ、2年もすると、自分は一生テレビになんて出られないんじゃないか?と考えることもあった。

毎日ネタを考えても、なかなかいいネタができなかったり、考えすぎて何が面白いのかわからなくなったり。テレビを見ると芸人は当然面白いけれど、芸人じゃないアイドルの人達も面白い。

まだテレビに出られていない先輩芸人達ですら、ライブでは僕達の何倍も面白い。

そんな何倍も面白い先輩が、

「こないだ番組の収録行ったんだけど、全然だめだった。めちゃくちゃスベって帰ってきたよ」

と落ち込んで言っているのを聞いていると、なんだかテレビに出ることが怖いような気がしてきて、いっそこのまま出ないほうが幸せなんじゃないか？　恥ずかしい思いをしなくて済むんじゃないか？　とすら思えてきた。

そんな矢先、事務所のマネージャーから、

「1週間後にテレビの収録が入ったから、ネタ用意しといて！」

と連絡が来た。

その話を聞いた途端、心臓がビクンと鳴って、全身に緊張が走った。

「何の番組ですか？」と聞くと、「ウンナンの気分は上々。」と言われて、さらに血の気が引いた。

ウッチャンナンチャンさんや、さまぁ～ずさん、くりぃむしちゅーさん、出川哲朗さんら、お笑い界の最前線を走る人達が出ている番組だ。

その中の、内村さんと、さまぁ～ず大竹さんの私物を、100人くらいの超若手芸人がネタで競り落とすという企画で、内村さんと大竹さんが面白いと思ったら、持ってきた私物を若手芸人にくれるというものだった。

マネージャーは僕が不安そうな顔をしているのを察したのか、「まぁ芸人がいっぱい出る番組だから、大丈夫だよ」と声をかけてくれたので、僕は「確かにそうですよね！」と返答した。

なぜ芸人がいっぱい出る番組だったら大丈夫なのか全くわからないけれど、その時はもう頭が追いついていなくて、同意するのに精一杯だった。

本当はテレビに出られることが嬉しいはずなのに、芸人を2年やってきて、スベることの怖さも知っていた僕は、収録日まで毎日、憂鬱な気持ちが続いた。

ウンナンさんや、さまぁ〜ずさんがテレビに出ているのを見ただけで、緊張するようになった。

今までは自然と見ることができていたのに、

「今度この人達に会うんだな……面白くないと思われたらどうしよう………うわぁぁぁ！！！」

みたいな緊張の仕方だ。

緊張を取り払うために、とにかく持っていくネタをブラッシュアップして、何とか面白いと思ってもらおうと考えた。

でも、その頃のネタは、正直微妙なものばかりで、山根と相談して決めたのが次のネタだ。

（二人、学生服を着て後ろを向いて立つ）
田中　在校生より新入生にお祝いの歌を贈ります。
（二人振り向いて正面を向く）
二人　は～～るの～～うら～ら～～～の～～
（ここからどんどん大きい声になる）
二人　す～み～だ～が～～～～わ～～～～～！！！
田中　あっ大きい声出しちゃった。
山根　あははは。

……以上が内村さんと大竹さんの前でやると決めたネタだ。
正直何が面白いか、皆さんわからないと思う。この頃のアンガールズは特にツッコミも入れない、超シュールなネタばかりだった。
当時は、こんなネタじゃだめだということすらわかっていなかったので、そのまま収録当日を迎えた。

ラフォーレ原宿の向かいにあるイベントスペースに行くと、中は２００人くらいが入るクラブみたいな場所で、奥にステージがあり、ファッションショーのランウェイのような細長い舞台が、客席に向かって伸びていた。

既に各事務所から呼ばれた芸人達が集まっていて、荷物を置いて地べたに座ってくつろいでいた。

しかも集まっているのはアンタッチャブルさん、バナナマンさん、ドランクドラゴンさん、スピードワゴンさん他、テレビで何度か見たことのある若手芸人ばかり。

一度もテレビに出てない僕達は、浮きまくっていた。

いつもライブで一緒になっているレベルの芸人なんて居なくて、唯一喋れる相手が、同じ事務所で2年先輩のゴリけんさんだった。でもゴリけんさんでさえ、緊張して話しかけられる状態ではなく、コントで使う原始人の服をきて、時々「オエッ」とえずいていた。

それもそのはず、前にテレビの収録でスベったことを話していた先輩というのが、このゴリけんさんだったのだ。

ゴリけんさんは収録でスベる怖さを知っている人間……。原始人がえずいている異様な光景を見て、僕の緊張はさらに増した。

そのうちスタッフさんがやってきて、全員に向かって番組の説明を始めた。

「おはようございます！　これから収録を始めるのですが、大竹さんが『ネタある人？』と言ったら、みなさんコンビ名を書いたプラカードを上げてください。大竹さんがそれを見て指名するので、当たった人はステージに上がってきてネタを披露してください。面白かったら、内村さんや大竹さんの私物が貰えます」

一言一句逃さないように聞いて、プラカードにアンガールズと書いて収録を待った。

1時間後に「それでは収録始めます！」という声がかかり、ステージ上に内村さんと大竹さんが現れた。

当然緊張したけれど、それより収録が始まってすぐ、二人のトークでバンバン笑いが起きて、その衝撃に圧倒されていた。

そして、大竹さんが「じゃあこの服欲しい人？」と声をかけたので、みんなでプラカードを上げた。

40本くらいのプラカードが一斉に上がり、指名された人が次々にネタをやっていく。ウケる人もいれば、スベる人もいる。誰かがウケたら怖くなって、誰かがスベると安心した。自分達がスベるのは確実だから、仲間が増えていくような気持ちだ。

でもウケる人は流石に面白くて、僕達とは違い、きっちりとしたネタだった。

30分番組の収録なのに、気づけば、始まって1時間が経過していた。

こんなに人数がいてもオンエアされるのは正直10組くらいで、大半はその場の雰囲気作りみたいな役割だ。

収録が進めど進めど、僕達は指名されなかった。このまま指名されなければいいなぁ、撮れ高十分だろう？　とディレクターでもないのに勝手なことを考えて、完全に逃げ腰になった頃に、大竹さんが、「まだ当たってない人？」と言ってきた。

心臓がまたビクッと鳴って、プラカードを上げると、僕達を含め3本しか上がらなかった。そしてついに、大竹さんが、「じゃあ……アン？……アンガールズ⁇」と指名してきた。

こうなったらもうやるしかないと思いステージに上がると、大竹さんは「うわ、なんだこいつら気持ち悪い。まだこんなやつが眠ってたのか？」と細長い僕たちの見た目に驚いていた。自分達は何もしてないけれど、それが結構ウケた。

「じゃあネタやってみて！」と言われ、先程の台本通りに、二人で後ろを向いた。すると大竹さんが「おいおい！　財布置いてこいよ！」と突っ込み、またドッと会場がウケた。その時は、何でウケているのかわからなかったのだけれど、僕は、取られたらいけないと思って、後ろポケットに財布を入れていた。

しかも長財布で3分の2くらいポケットからはみ出ている。そういえば、財布を持ったまま収録に参加しているタレントなんて、見たことがない。大竹さんに言われて初めて気が付いた。素人丸出しで、めちゃくちゃ恥ずかしくて、顔が真っ赤になったけれど、それもめちゃくちゃウケた。

そして、あらためてネタを頭からやり直した。

田中　あっ大きい声出しちゃった。
山根　あははは。
二人　どうもありがとうございました。

やり終えると、大竹さんに、

「終わり？？？？　最初に後ろ向く意味なかっただろ〜凄いの出てきちゃったな〜」

と突っ込まれ、またもめちゃくちゃウケた。

あまりによくわからないネタだったのが、逆に良いほうに転んだのだ。

自分の実力ではないけれど、何だかウケたので、大竹さんの私物の帽子を貰って帰った。

そして、その番組の放送日。数々の芸人がカットされている中で、アンガールズのネタは放送されていた。

ビギナーズラックって、お笑いの世界にも確かにあったのだ。

# 空手と嘘

「あれ？　なんか、床から水が出てきたんだけど………」

これは、10歳の頃の僕がついた嘘だ。

人間は大人も子供も、嘘をつく。僕はこの嘘を通して、「大人の嘘」を実感した。

僕は小学1年生から5年生まで5年間、空手道場に通っていた。

自分で空手をやりたいという気持ちはなかったけれど、母が「気持ちだけでも強い人になれるように」という思いで通わせ始めたらしい。6歳の僕は気づいたら道場に通うことになっていた。

道場は週に2回、月曜日と金曜日。近くの公民館に空手の師範が来て教えてくれていた。

師範は、普段は眼鏡屋さんをやっていて、仕事終わりに稽古をつけにきてくれていた。優しさと厳しさを併せ持つ50代くらいのおじさん。

空手の稽古も厳しかったが、それよりも、とにかく規律に厳しかった。

道場に入る時には「オッス」と大声で挨拶をして、一礼しないといけない。

そして靴を揃えて入らなければならない。それが出来ていないと、稽古が始まる前に「なんで靴を揃えてない奴がいるんだ！」と師範が激怒する。

田舎の甘えた環境で育ってきた僕が精神的に鍛えられるには、ぴったりの場所だったかもしれない。

眼鏡屋さんの師範は厳しいが、基本的には優しい。

けれど師範はもう一人いて、その人がめちゃくちゃ怖い。常に眼光が鋭く、爬虫類系顔の師範。

稽古の合間も休まず、休憩時間なのに腕立て伏せを何十回もやっていた。

しかも手はパーではなく、握り拳のまま硬い床に手をついてやるもんだから、体重が拳の骨に乗っかって、とてつもなく痛いはずだ。

痛みに耐えながら苦悶の表情で唸り声をあげる姿を僕たちに見せつけてくる様は、自然界で自分の力を誇示している大トカゲのようだった。

一度自分でその腕立て伏せをやってみたが、激痛で1回も出来なかった。

正直この人が怖くて、稽古に行くのが毎回嫌だった。怒るとヤクザみたいに怒鳴り散らすので、僕はいつもビクビクしていた。

月曜日と金曜日は、道場があるからアニメが観られないのに、何でそれを観ないで、怖い人に会いにいかなければいけないのか？　と思っていた。

そのうち、「最悪、稽古に行くのはいいけど、その師範にだけは会いたくない」と思うようになり、いつからか道場まで母が連れていってくれる車の中では、いつも「今日あの師範が来んように！　今日あの師範が来んように！……」と１００回くらい心で唱えるようになっていた。

効果があったかどうかわからないけれど、年に3回くらい師範が休んだ。


道場の辛さはそれだけじゃない。

師範が怖いだけでなく、冬場の稽古は寒さとの戦いだった。

まず、道場として使われていた公民館は、古くてすきま風がガンガン入ってくる建物で、暖房も無い。ほぼ外みたいなところで稽古をする。しかも、一般的に空手というのは畳の上でやるものなのに、そこは体育館みたいな木の床板。

冬場は当然冷える。空手は裸足でやるので、毎回、靴下を脱いで最初に床に足を下ろす瞬間が、地獄だった。

足を床につけると、痺れるような冷たさが足の裏から上がってきて、耐えられなくてすぐに足をあげる。「く〜〜キンキンに冷えてやがる」と当時6歳の僕は、「カイジ」ばりに思っていた。

思い切って足をつけても結局その冷たさを我慢できずに、一方の足をもう片方の足の上に置いて、わずかな暖を取り、しばらくしたら足を入れ替えて、を繰り返す。すると10分もすれば、足の感覚が無くなって、冷たくなくなる。

こんなことをしていれば、毎年足の指先がしもやけになるのは必然だ。12月に1回、しもやけがパンパンに赤く痒くなった後、青紫になり、皮膚が硬くなる。そして新しい皮膚が下から出てくる。それが2月頃なので、またすぐにしもやけになる。

季節の移ろいのように変わってゆくしもやけをもう一度経て、新しい皮膚ができるとようやく春が来たことを感じるというローテーションを毎年繰り返していた。

今だったら何らかの対処をしないと問題になりそうなほどのことだけれど、その頃は、そういうものなんだろうと疑問にも思っていなかった。

そんな辛い思いをしてまで通い続けた空手の実力はどうだったかというと、今の僕を見てもらってもわかる通り、とにかく戦闘に向いていない。

弱々しい雰囲気通りで、「組手」と言って、突きと蹴りで相手の胸や脇腹を攻撃する種目では、自分より学年が下の子に負けていた。

友達にも、「下の人に負けとったね〜」と馬鹿にされていた。

ただ、「形の部」という東京オリンピックの種目にもあった一人での演武では、5年生の時、広島県の県北の大会で3位になった。

人と戦うのが苦手だっただけで、一人でコツコツとやる種目の成績は、まぁまぁ良かった。


この空手教室で、僕は冒頭の嘘をついたのだった。

その日も稽古が嫌で、母の車の中で寒空に向かって「師範来んように……」と願ったのも虚しく、道場の外から見ると、師範の影があった。

特に機嫌が悪い日だったのか、「オッス！」と声を出して入ったら、「オッスの声が小さい！　もう一回やり直せ！」と言われ、やり直すと、今度は「しっかりお辞儀しろ！」と怒られ、もう一度やり直させられた。

しかも、稽古が始まるとその師範が僕がいる10人くらいのグループの担当になり、ずーっと嫌な緊張感に包まれながら稽古をすることになってしまった。

早く終わって欲しいなと思って、道場の時計を見たら師範の眼が光って、「おい、何で時計を見てるんだ！　集中が足りないんだよ」と睨み付けられた。

ただでさえ怖い顔の師範が僕に近づいてきて、冷たい目で10秒くらい何も言わずに見つめられた。無言でただただ見つめられる状況は人生で初めてで、僕は小さい声で「ウッス……」と返すのが精一杯だった。

その後さらに僕は窮地に追い込まれる。

稽古に行く前に、サイダーをがぶ飲みしてきたのが良くなかったのか、尿意に襲われてしまったのだ。厄介なもので、尿意というものは意識した瞬間から急速に大きくなって襲ってくる。道場の寒さも手伝って、またたくまに限界ギリギリに達してしまった。

「トイレに行かせてください」の一言が言えればいいのだが、おそらく、そう言ったら「何で始まる前にトイレに行ってなかったんだ」と激怒するに違いない。僕は恐怖で言い出せなかった。

とにかく1時間後の休憩まで我慢するしかない！　と心に決めた。

今日は目をつけられてるのだろう、途中で師範に「お前どこ見てるんだ、目の焦点が合ってないぞ！」と言われるハプニングがあったが、何とか乗り越えて、50分くらいして師範が「正座!!」と言った。

これは、休憩に入るサインで、正座して礼をしたら一旦自由となる。

何とかなったと安堵していたら、僕と同じグループの一人が「正座の仕方が良くない！」と注意され始めた。

僕の尿意は本当に限界ギリギリ。

意識が飛びそうになる中、太ももを内側にギュッと締めて耐える。

横で正座の姿勢を注意している師範の説教はまだまだ終わりそうにない。

もう我慢できそうにない。

言いたい！「トイレに行かせてください」と言いたい!!

でも怒っている時に言うと、より怒られてしまう。

再び強い尿意。

もう一度太ももをギュッと締める……が、もうこれ以上ないくらい締まっていたので1ミリも太ももが動かない。

その瞬間僕のおしっこは、パンツと道着で吸収できる量をあっという間に超えてあふれ、正座した僕の周りに広がる水たまりと化したのだ。

隣の生徒に気づかれ、そして間もなく師範にも気づかれた。

そこで僕が発した言葉が「あれ？ なんか、床から水が出てきたんだけど……」

こんな、誰もが分かる嘘をついて何になるのかと思うけれど、10歳の僕が自分を守るために必死で思いついた、起死回生の一言だったのだろう。

それを聞いた師範の反応は意外なものだった。

「あ～そうか、なんか地下水が出てきたんかなぁ、ちょっと誰かモップ持ってきてくれ、水が出ることあるからな〜」

怖い師範がそう言うものだから、他の生徒達も「そうなんだ〜」としか返さないで、僕のお漏らし事件は嘘みたいに何もなかったことになった。

師範は道場に置いてあった、予備の空手着を持ってきてくれて、それに着替えて、その日は稽古を続けて帰った。

それから10年後、僕が20歳の大学生の頃、ふと道端を歩く空手少年が目に留まり、ずっと忘れていたこのお漏らし事件を思い出した。

僕はこの事件の後、「やった、嘘でうまく乗り切ったぜ！」と思いながら生活していた。

でも、大人になって考えてみると、その自分のついた嘘は、どう考えても通用するような状況ではなかったことに気づいた。

そして、あの時怖い師範が、僕を傷つけないように僕の嘘に、嘘で乗っかり、周りの生徒から守ってくれていたことにも気が付いた。

「師範来んように」と願っていた僕は、10年経ってから心の中で「師範ありがとう」と感謝した。

僕はあの時、ただ見ているだけだった。

友達が血を流しているのに。

## ヤンキーにからまれたら

僕は大学生の頃、旅行サークルに所属していた。

そのサークルは、様々な大学の学生が集まって構成されている、いわゆるインカレサークルというものだ。

僕が通っていた広島大学の学生もいれば、他大学の学生もいる。

旅行サークルといえば、旅行して、お酒を飲んでというチャラいイメージをする人もいるかもしれないが、僕の入っていた旅行サークルは違う。

広島から福岡に行くというだけのことなのに、福岡でなにをすれば盛り上がるか？　バスの中でどんなゲームをやれば盛り上がるのか？　お金を節約するにはどうすればいいのか？　など、みんなで週に2回も集まって会議していた。

そんなに頻繁に会議するサークルなのにも拘わらず、旅行は年に1回しか行かない。普通の大学生の方がよっぽど旅行に行っている。

だから、4月は新入生が興味を持って50人近く入って来るが、違和感を覚えて、一人、また一人と辞めていき、5月が終わる頃には、5人前後しか残っていなかった。

今考えたら、なんて無駄な時間だったのかと思う。サークルのミーティングに行く時間をアルバイトに使って、お金を貯めて、そのお金で色々な国を旅すれば良かった。

僕が大学4年間で旅行した場所は、福岡、大阪、島根だけだ。どこも広島から近いところばかり……。

唯一良かったのは、そのサークルで相方の山根と出会ったことくらい。

山根とは大学が違うので、本来出会うはずもなく、もしそこで山根に出会っていなければ、僕は、お笑い芸人にすらなっていなかったと思う。


僕が大学3年生のある日、同じサークルのメンバーのA君、B君、C子、山根と僕の5人で広島の本通りという、アーケード街を歩いていた。

その日は、サークルのチラシに広告を出してくれるお店を回る、営業の日。大学生なのに飛び込み営業をしたりしていたので、お店の人からウザがられることも多く、気持ちが沈む日だった。

A君は僕と同じく広島大学に通っていて、背はちょっと低めの頼れる優等生。

B君は山根と高校の同級生で、徳山大学の少しがっしりした明るい友達。

C子は僕たちよりも1年後輩のしっかり者の女子。

その日、お昼ご飯を食べるために、お好み焼き屋さんに入った。

みんなそれぞれお好み焼きを頼んで食べたけれど、僕と山根はお金がなかったので、二人で1枚頼んだ。ガリガリの二人がお好み焼きを分け合って食べるのを見て、後輩のC子が笑っていた。

でも本当にお金がなかったので、カッコつけることもできない。情けない先輩だった。


食後に、本通りから1本入って、裏通りを歩いていた時に事件が起きた。

A君B君C子が先を行き、僕と山根はだらだら歩いているうちに、後方30メートルくらい離れていた。

少し人通りがなくなった時に、突然背後から声をかけられた。

「ねえねえ！　ちょっと」

二人の典型的なヤンキーだった。

一人は眉毛の細いチビのパンチパーマで、もう一人は少し背が高くて、オールバックの目の鋭い男。

それに遅れて、3人目の黒いシャツを着た肩幅の広い男がサッと近づいてきて、僕と山根を囲んだ。

「ちょっと悪いんじゃけど、パー券買ってくれん?」

今はほとんど聞かないと思うけれど、パー券とは、実体のないパーティのチケット。しかも、とんでもなく高い金額で買わされて、それがヤンキーの資金源になるのだ。

ただでさえお金がないのだ。「嫌だ!」と言いたいところだが、こういう時のヤンキーの扱い方は心得ている。僕は、これまでの人生でヤンキーというものに何度も虐げられてきたのだから。

とにかく、この人たちの機嫌を損ねてはいけない。こういう人は一度機嫌を損ねると、こちらの想像を超える酷いことをしてくる。山根が余計なことを喋る前に、満面の笑みでこう言った。

「いや〜、それがお金が今ないんです〜、さっきコイツと二人で1枚のお好み焼きを半分ずつ食べてきたところなんですよ。ごめんなさいね。そうだよなっ、山根!」

山根も、ヤンキーにびびっていたのだろう、焦点の定まらない目でうなずいた。

「なんや〜、しょうもない奴らじゃのぉ」

ヤンキーたちはニヤニヤしながら、僕たちを蔑むように見てきた。しょうもない奴らはお前たちだろ！　と言えるはずもなく、「えへへ……すみません……」と愛想笑いをするうちに、３人は僕たちの前から去っていった。

屈辱的な気持ちにはなったけど、無事危機を回避した。

ガリガリの二人で１枚のお好み焼きを食べた話を、あの瞬間すぐに出せた自分を褒めたくなった。

神回避と言ってもいいだろう。

これを読んでくれている人には「本当にそれでいいのか？」と思う人もいるかもしれない。でも、こいつらに反抗することがいかに危険なのかを分かっている弱者だからこその処世術。

甲羅に入る亀、木の樹皮になりすます蛾、貧乏を装うガリガリ人間、全てが称賛されなければいけない。

一生懸命勉強して、広島大学にまで入って、しょうもないヤンキーにヘコヘコするのは悔しいけれど、これでいいのだ。ここをやり過ごせれば、こいつらと一生関わり合うことはないのだから。

そして、この後警察に行って、すぐにこいつらの場所を教えて、公的にヤンキーを追い詰めてやるという考えが、一番正しいのだ。

安堵の気持ちで山根と目を合わせていると、ヤンキーたちは前方に歩いて行き、友人3人に声をかけた。

少し離れていたので、何を喋ったのかまでは聞こえなかったが、B君がパー券を買えと言われて、嫌だ！　と断ったのが分かった。

その断り方が、僕の感覚的にはちょっと良くなかった。

先程も書いたように、ヤンキーは機嫌を損ねると本当に手をつけられなくなるから、細心の注意を払わなければいけない。

僕の不安は的中することになる。

チビのパンチパーマヤンキーが、B君の胸をどついたのだ。

それに対して、メンバーの中でも体を鍛えていて勝ち気な性格のB君は、胸を突き出して睨み返した。

するとヤンキーもイラついたのか、もう1発どついた。

今度はB君が胸でその腕を弾き返した。それからどつかれては弾き返すをお互いに睨み合いながら繰り返していて、僕は大変なことになったと思った。

何度も書いたけど、ヤンキーはイラつかせたら何をするか分からない。力では勝てない僕たち弱者は、とにかく機嫌を損ねないようにしなければいけないのだ。

B君はどつきを弾き返す度に、正義の戦士のような気持ちだったかもしれないが、僕には眠っている獅子を蹴飛ばして起こしているようにしか見えなかった。

僕は、やばいと思って3メートルくらいの距離まで近づいたが、この状況で何かするとまた怒らせてしまうから、ただ立ち止まって見ていることしかできなかった。

そして今できる最善の方法を考えていると、

「おい、もうやめろや！」

誰かと思えば、どつかれていたB君を、A君が勇気を持って助けに入ったのだ。

でも僕はここでもまた、違うなと思った。

そこは、恥ずかしいけれど、「すみません、許してください」と言うのが正解だ。ヤンキーは刃向ってきたことに腹が立っているのだから、まず刃向ってしまったことについて謝らないといけない。それなのに「やめろや」という、あたかもヤンキーが一方的に悪いという言葉をぶつけると、さらに怒らせてしまう。

そして、眠っていた獅子はついに目を覚ましてしまう。

今度はそのパンチパーマのヤンキーが、A君の方にからんでいった。

「お前どこ大学じゃ！」



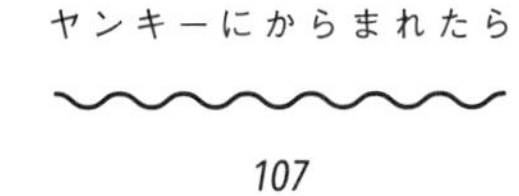

どこ中だ？　とかヤンキーはやたら学校を気にする生き物だけど、大学名まで聞いてくるんだと、どこか冷静に思った。

「わしか？　広島大学よ！」

「おうそうなんか！　わしも広島大学よ！」

「おうそうなんか！」

なんだか分かり合えそうな雰囲気にA君の顔が緩んだその瞬間、

「嘘じゃ〜〜〜!!」

ボゴッ!!

ヤンキーの強烈なパンチがA君のみぞおちに入った。

C子が「キャーーー!!」と悲鳴をあげ、A君はゆっくり膝から沈んでいった。

それを見て山根が、そのヤンキーを止めに一歩踏み出したが、オールバックのヤンキーが山根の前に腕を伸ばして「やめとけ！」と制すると、山根はそのヤンキーの言うことを素直に聞いて立ち止まった。

この時の山根を情けないと思うかもしれないけれど、この行動は、ヤンキーに対峙した弱い人間にとっては正解でしかない。ここで山根が止めに入れば、山根までやられてしまうのは明らかだった。

その時僕は、止めに入るどころか足の一歩も踏み出さず、ただ時が過ぎるのを待っていた。

そこからのことは、今でも頭に映像がこびりついている。

A君が跪いた後、四つん這いになって苦しそうにしていると、パンチパーマのヤンキーはA君の顎を、靴の先端で鋭く蹴りあげた。

グシャ！

鈍い音が響く。人の顔を蹴り上げることに、一切の躊躇がない。これがヤンキーという生き物の恐ろしいところ。

蹴り上げられたA君の顎が上に向いた瞬間、顎から血がポタポタとコンクリートの地面に垂れた。

A君は血が流れる自分の顎よりも、ヤンキーのつま先を手でつかんで、もう一発蹴って来ないように、精一杯防いでいた。

「もうやめてください！」

C子が叫んだ。周囲に響きわたるくらい大きな声だった。

周りの人に気付かれるのを恐れたのか、オールバックのヤンキーが、「もうええじゃろ！　行こうや！」と言い、3人のヤンキーはだらだらと気だるそうに、裏通りから公園の方に向かって消えていった。

この一部始終の間、僕は一言も発することなく、一歩も動くことなく、ただただ立ち尽くしていただけだった。

それどころか、後輩の女の子に助けてもらった。

一番しょぼいのは僕で間違いないと思うけど、でも、この大惨事を見たら、僕がヤンキーにへりくだって貧乏アピールして、やり過ごしたことが、どれだけ凄いことだったのか、わかって欲しい。

警察に成敗してもらうのが一番いいのだから！


ヤンキーが去っていくのを確認して、A君の傷を見ると、顎がパックリ割れて、血がずっと滴り落ちていた。

C子にA君をすぐに病院に連れて行ってもらって、残った僕たちは警察に向かった。

いよいよ僕たちの反撃だ。

警察官に事情を説明すると、「じゃあ被害届を出しますか?」と聞いてきた。

今すぐヤンキーを追いかけて欲しいのにそんな手続きがいるのか？　とイライラしたけれど、ヤンキーに反撃するにはこれしか方法がないと思い、僕が届けを書こうとしたところ、B君が止めに入った。

「ちょっと待って。これ出したら、被害届を出したことで恨みを買うかもしれんよね？」

「いや、でもそれは出した方がええよ、あいつらに酷い目に遭わされたんじゃやけぇ」

「いや、やっぱり怖いから出すのやめよ。広島の街を歩けんようになるけぇ」

すると、警察官もなんだか出さない方がいいよと言わんばかりに「まぁこういうのは捕まえたら面会してもらって確認するけえね」。

本当は面会なんて不要らしいけど、その時はそう言われた。

なんとも言えない気持ちになっていると、B君が「やっぱりいいです、出しません……」と力のない声でつぶやいた。

胸をどつかれたB君が出さないと言うのに、全く被害を受けてない僕が被害届を出そうと訴えるのもおかしいと思い、僕たちは警察署を後にした。

病院での治療を終えて合流したA君は、顎を数針縫ったらしく、傷口にガーゼ、顔の周りにグルッと包帯が巻かれていた。

それから警察でのことを報告すると、A君も「被害届出さんでええよ。怖いけぇ」と言った。

そのあと、あの場で起きたことをみんなで振り返って話した。

A君とB君はヤンキーに刃向ったし、山根は止めようと一歩踏み出した。

C子はやめてくださいと叫んだ。それなのに僕は何もしていない、ただヤンキーにヘコヘコしていたと、みんなにダサくて最低な奴として責められた。

僕が正しいと言ってくれる人はどこかにいますか？

# 無防備な魅力

皆さんは、テレビに出たことがありますか？

今の時代、YouTubeやTikTokなど、誰かに自分を観てもらおうと思えばいくらでも方法はある。

ただ、20年前くらいまでは、視聴者参加型番組への出演はもとより、画面の端に見切れただけでも、ちょっとしたヒーローになってしまうくらいレアなことだった。

好きな番組がある。「家、ついて行ってイイですか？」とか、「ザ・ノンフィクション」といった一般の人が出る番組だ（一般の人という表現だと芸能人は一般の人じゃないのか？　みたいな感じになるので嫌なんだけど、他に思いつかないのでここでは一般の人と書かせていただきます）。

何が魅力的かというと、一般の人の発言は、実はタレントが発する言葉よりも、刺激的で攻撃的なところである。

テレビに出ているタレントは、今、その瞬間だけテレビに出るのではなく、これからも、できればずっと出ていたい。テレビの世界でご飯を食べ続けていくためには、自分の立場を守りながら、ギリギリを攻めないといけない。

それに対して一般の方は、何も気を使う必要はないし、誰かの悪口を言おうが関係ない。笑いを取るか取らないかが死活問題でもないので、綺麗なオチが最後にくるようなトークではなく、唐突に面白いことを言ったりするから意表を突かれる。

そのうえ、着ている服が汚れていたり、しわくちゃだったり、自宅に平気でテレビスタッフさんを招き入れる割には、家の中がぐちゃぐちゃのゴミだらけだったり。面白いと思うポイントを発見しながら見られる面も、好きな要因の一つなのだ。

タレントだったら、汚い部屋だとイメージが悪くなったり、単純に綺麗な服を着ることで充実した生活をしているのをアピールしたくてたまらない人も多いから、こうはいかないものだ。

では、一般の人だけで番組を作ればいいのか？　もちろん、そういうことではない。

恐らく一般の人が沢山出てくる番組は、その分取材に長い時間をかけて、何か面白い発言をする瞬間を待ち続けているはずである。タレントのように短時間でスパッと番組を仕上げてくれる人がいなければ、時間がいくらあっても足りない。

撮影したものの中で放送に使えるものがどのくらいあるか、業界で言う「撮れ高」を高いクオリティで供給してくれるタレントがいないと、テレビの世界は回らない。

今ではありがたいことに、芸人としてテレビに出演させてもらえるようになった僕だけれど、僕もその前は、一般の人であったわけで、芸人になるという夢を抱く前にも、1回くらいテレビに映ってみたいなぁと思っていた。

そして、3回程チャンスを摑んで、一般の人としてテレビに出たことがある。

1回目は、広島に住んでいた頃。大学生の時だ。

それは、広島テレビの夕方の生放送ワイド番組「テレビ宣言」で、どの地方にもあるような、地元の情報をお届けする、のんびりとした地域密着番組だ。

その番組には、広島駅前から中継をするコーナーがあり、新規開店の宣伝やイベントの告知など、駅前に行けば、時間が許す限り誰でもPRできるというもの。

ある日、大学のサークルの宣伝でそのコーナーに出よう！　という話になり、僕とサークルのメンバー計5人が一緒に広島駅前に行くと、なんと出演させてもらえることになった。みんなで何を喋るか話し合い、一度に話すとごちゃごちゃするので、サークルの副代表のA先輩がメインで喋ってサークルの宣伝をし、サークルの中で一番面白いT先輩が合間を見て笑いをとろうという作戦になった。僕はというと、後ろの方で立っているだけになった。

T先輩は色黒で明るくてバイクに乗っていて、いかにもモテそうな人だった。実際モテていたし、サークルの可愛い女の子と付き合っていて、その日も彼女連れで来ていた。

あまりに充実した大学生活をしていて若干ムカつく先輩だったけれど、T先輩が笑いをとってくれると思うと、この日ばかりは本当に心強かった。

そして、いよいよ生中継が始まり、テレビカメラの前にみんなで並んだ。

広島テレビのアナウンサーさんが、

「さぁ今日は何の宣伝で来たの?」

と話しかけると、

「僕たちは、大学のサークルで……」

A先輩がサークルの告知を始めた。僕はうちの笑いのエースT先輩がいつ割り込むのか待っていたが、なかなか入って行かない。生放送は進み、もうそろそろコーナーが終わってしまう。焦りながらT先輩をチラッと見てみたら、片方の鼻の穴にタバコを1本入れてずっと黙っていた。

あれ? 面白いことをやってるじゃんと思ったけど、目の前にいる中継担当のアナウンサーさんや、テレビスタッフさんが一切笑っていない。しかも、この中継を見ているスタジオの人と音声は繋がっているのに、笑い声が全く聴こえてこない。

T先輩は鼻タバコが全くウケなかったため、心が折れてしまい、鼻にタバコを入れたまま、何とも言えない硬い表情になっていた。

僕はこんな状態の人が喋れるはずないと察した。テレビでは、うちのエースが全く通用しないのを見て急に怖くなり、そこにいる自分が恥ずかしくなった。

間もなく中継が終わった。大学生らしい元気のかけらも出せず敗戦ムードでがっかりしたのと同時に、T先輩の言動で笑っていた自分が、今までいかに笑いのハードルが低い環境にいたのかに気づいた。さらにその中継が終わった後、なぜかT先輩が一緒に連れてきていた彼女に、「やってやったぜ」みたいな顔をしていたので、何だかイライラしたのを覚えている。

こうして、僕の一般人としてのテレビデビューは、何も喋らないで終わった。


2回目の出演はまたも大学生の時。

今度は、テレビ東京のカメラだった。

僕はJリーグのチーム、サンフレッチェ広島を応援するために、広島スタジアムにいた。試合開始前にスタジアムをウロウロしていると、「ちょっといいですか?」と話しかけられた。

今度はサークルの先輩もいない、僕一人だ。

「サンフレッチェ広島のエース、久保竜彦選手の愛称は何がいいと思いますか？」

咄嗟の出来事に何も思いつかない。

「え〜っと……」

その当時、三浦知良選手には「キングカズ」、井原正巳選手には「アジアの壁」というように、有名なサッカー選手には愛称が付くことがあった。久保選手はまさにグングン来ている選手だったので、愛称をみんなが付けたがっていたのだ。

「えっと〜広島だから世界遺産のある宮島と、久保選手の純粋な心から取って、宮島少年!!」

宮島少年なんてダサくて誰も呼びたがらないと思い、そんなしょうもない愛称しか思いつかない自分が情けなかった。

試合に熱中する一方で、多分オンエアもされないだろうな〜と思いながらその日は帰り、そもそも広島にはテレビ東京の系列局がないので、放送されたかどうかの確認もできなかった。

それから7年後。上京して芸人になってテレビに少しずつ出られるようになった頃、僕が昔スポーツ番組に出たときの映像があるよ！　と言われて、見せてもらった。

なんと、それはあの日オンエアされていた「宮島少年」の映像で、その迫力がすごかった。

まず、僕はサンフレッチェのユニフォームを着ているのだが、なぜかダウンジャケットの上に着ていて、ユニフォームが破けそうなくらいパンパンになっている。おしゃれのカケラもない。

しかも自分ではちゃんと喋っているつもりだったのに、インタビューに興奮しすぎていて、

「え〜〜〜っとね〜〜へへへ〜ひろしまだからぁ〜〜へへへ〜せかいいさぁんのぉ〜みやじまとぉ〜〜〜、くぼせんしゅのぉ〜〜じゅんすいなぁこころをとってぇ〜〜みやじましょうねん！！！！！！」（宮島少年だけめっちゃ大きな声で、音声が割れている）

へにゃへにゃしながらニヤニヤして、急にでかい声を出すという、とんでもなく意表を突いてくる自分がそこに映っていた。正直、内容が頭に全く入ってこないくらい、喋り方にインパクトがあった。

その異様さにゲラゲラと笑ってしまい、喋っている内容はつまらないけれどキャラクターだけでオンエアされた、素人丸出しの刺激的な自分だった。

そして3回目は東京に来て、1年経った頃。

僕はその日、プロ野球のオープン戦「西武ライオンズ対広島カープ」を観に、一人で西武ドームに行く予定だった。

そこでふと思い出したのが、以前サッカー観戦をしに行った時の上手くいかなかったインタビュー。

テレビに映れるかも？　まさかね……と思いつつも、当時は、広島スタジアムでのインタビューが放送されていたとは知らなかったので、もしインタビューをしている人がいたら、今度こそちゃんと答えてテレビに映ってみたいなぁと、どうやったらインタビューしてもらえるかを考え始めた。

色々考えた結果、オープン戦なので、その年のセ・リーグの順位予想を段ボールに大きく書いて、それを常に持ち歩くことにした。

僕は急いでいらない段ボールに、ファンである広島カープを油性マジックで1位と書き、2位阪神……と続けていって、憎き巨人を最下位の6位にした。

そして、なぜその順位なのか？　の理由を順位予想の横に丁寧に書いて、意気揚々と西武ドームへ向かった。インタビューされると決まったわけでもないのに、今度は準備万端だ。

球場の外野席に座って、ご飯を食べながら試合開始を待っていると、嘘みたいな展開だけど、こちらの方にテレビカメラと女性アナウンサーさんがインタビューしながら歩いてきたのだ。

え？　やばい、来てるよ……でもファンの人はたくさんいるしな……僕のところに来ることなんてないか……と思っていたら、誰にインタビューしようかなぁとキョロキョロしながらパッと僕の方を見た女性アナウンサーさんが、ものすごい勢いで走ってきた。しかもカメラにＮＨＫと書いてある。

「すみません！　ちょっといいですか？」

「え？　はい、大丈夫です！」

「それ、何書いてるんですか？」

「今年の順位予想です！　カープが1位です。巨人が最下位だと思います。なぜなのかはここに書いてるんですけど、カープから江藤選手がフリーエージェントで巨人に行って、悔しいからです！」

準備しておいたので、全く淀みなく元気よく答えられた。

自分は観られなかったが、その日のＮＨＫニュースのスポーツコーナーで放送されたらしく、さすがＮＨＫの力というか、親や、地元の友達からも、観たよというメールが来た。

3回目ともなると、一般人でもどうやったらインタビューされるのか、どうやったらカットされずに放送されるのか分かってくるものだなぁと、我ながら誇らしかった。

そしてそれから数年が経ち、僕は芸人としてＮＨＫ「スタジオパークからこんにちは」に出演することになった。

平日のお昼に放送される、ほのぼのしたトーク番組だ。

出演前に依頼されたトークアンケートに西武ドームでインタビューされたことを書いておいたら、生放送当日に、スタッフさんがそのニュースの映像を探しておいてくれて、初めて観ることになった。

すると、なんとインタビューしていたのは、目の前でＭＣをやっている青山祐子アナウンサーだったのだ。青山さんはその時の印象を覚えていて、スポーツキャスターとしては日が浅く緊張していたので、面白そうなことを勝手に一人で喋りそうな雰囲気だった僕に、近づいたそうだ。

不思議な縁もあるものだ。その映像を観られて凄く嬉しかったし、映像自体も面白かったのだが、引っかかったこともあった。


ちょっと慣れすぎている。

準備が出来すぎているというか、出たい気持ちがあふれすぎている。一般人として何度かテレビに出るうち、テレビ的なことを気にして何だか悪い方向に歩いて行ってしまった感じ。

一般人としての迫力や、無防備な、何をしでかすのかわからない魅力は、サッカーのサポーターとして、なんの準備もなく出演した2回目の時の方があって、思い切り笑える映像だった。

今となっては芸人として数えきれないくらいテレビに出演しているので、あの時の無防備な自分はもう取り戻せないのだろうと思うと、少しだけ寂しくなった。

# 山から降りてくる鳥使い少年

僕は今、東京のマンションに住んでいて、いわゆる都会の人だ。

夜にベランダから外を眺めると、街灯やコンビニの灯りが沢山見え、真夜中でも誰かが外を歩いている。

そんな景色を見ながら、不思議な気持ちになる。

なぜなら僕は幼い頃、今とはかけ離れた環境で育ったからである。


僕の実家は広島県の山間にある府中市。

一応「市」なのだが、元々は甲奴（こうぬ）郡という地名で、平成の大合併の時に府中市に吸収された。だから実家は府中市の中でも特に田舎にある。

どのくらい田舎なのかというと、先ず「近所の家」という存在がない。実家から一番近い家まで、歩いて10分かかる。

夜に外を見たら、真っ暗。本当に灯り一つない。人なんて当然歩いていない。暗闇から音がしたら、それは間違いなく狸や猪、イタチや蛇だった。

山の頂上に家があり、水は山水を引いて飲んでいた。

小学生の頃は、毎日山から歩いて降りて、さらに山をもう一つ越えた先にある学校に片道1時間半かけて通っていた。当然ながら学校で一番家が遠い小学生だった。

それくらい大自然の中で育ったので、「北の国から」というドラマで、五郎さん一家が沢の水を汲んで生活しているのを見ても、普通に感じてしまっていたくらいだ。「北の国から」みたいにキツネはいないけれど、生き物と共に生活していた。

庭には犬が駆け回り、チャボが放し飼いされ、木の上には尾長鶏、池には鯉、水槽には金魚。

他にも飼ったことがある生き物はカブトムシ、クワガタ、コオロギ、蟻、ゲンゴロウ、タイコウチ、コオイムシ、カミキリムシ、ドジョウ、カワエビ……。庭先にいる飼えそうなものは、だいたい飼った。

水がいいのか、金魚もどんどん増えて、あっという間に水槽が金魚だらけになる。来客があると、母が「もし良かったら金魚もらっていって」とお土産に金魚を持って帰ってもらっていた。家に水槽がある人は喜んで受け取っていた。

その他にも田舎ならではというか、山間にある田中家ならではの経験をしたことがある。

僕は中学生から高校生の頃まで、シェットランドシープドッグのサリーを飼っていた。サリーは性格が優しく、いつも庭先で放し飼いにしていた。

ただ、お散歩では車道まで行くので、リードをつける。庭先でノーリードで飼われているので、外に行こうと思えばいつでも出られるのに、家族が一緒でないとお散歩には行かない可愛いワンちゃんだった。しかし、時々猪が出ると、山の中まで1匹で追いかけて行ってしまうことがあった。

ある日家の中から、庭先をサリーが歩いているのが見えた。よく見ると何かを口に咥えていて、それをブラブラさせながら歩いている。

20センチくらいある生き物だった。僕はネズミでも捕まえてきたのかと思い、庭に出て、サリーを呼んだ。サリーが駆け寄って来たら、びっくりした。

口に咥えていたのは、生きたままのテン（イタチの仲間）だった。

「おいおい、そんなもの咥えてくるなよ〜……」と思ったのも束の間、さらに驚いた。サリーがテンを咥えているのではなく、テンがサリーの鼻を噛んでいたのだ。

しかも噛まれているのに、サリーが気づいていないように思えるほど普通にしていたので、笑いそうになった。すぐにテンを箒で叩いて引き剝がすと、テンは山に帰っていった。

サリーは何事もなかったかのように、また庭先をウロウロし始めた。

田舎の犬のおおらかさには見習うべきところがある。


次は鳥の話。

僕が小学1年生の頃、カナリアを飼い始めた。名前はチィちゃん。黄色の小さな鳥だ。

人によく慣れていて、チィチィと可愛く鳴いていた。時には、家の窓とドアを全て閉め切った後、鳥籠の中からチィちゃんを部屋に放して、自由に飛ばせていた。人の肩にとまっては、耳たぶをちょんちょんとクチバシでつつくのが好きで、それが凄くくすぐったい。

ある日、その日も放鳥しようと兄弟3人で部屋のドアと窓を全て閉めて、チィちゃんを籠から出した。しばらく遊んだ後で、窓辺にチィちゃんがとまったその瞬間、うちのおばあちゃんが家の外から「おい、そこのティッシュをとってくれー」と言いながら、窓を開けてしまった。

すると、チィちゃんは窓の外へあっという間に飛んで行ってしまった。

あああ～!! 兄弟3人で家から駆け出してチィちゃんを探すと、山の上の大きな木に黄色い姿が見えた。

「チィちゃん！　チィちゃん！」3人で叫んだが、木の上でキョロキョロしているのが何となくわかるくらいで、全くこっちに戻って来る様子がない。どこかに行くわけでもないので、何度も呼びかけ続けていたけれど、15分くらい経って、チィちゃんは山の中に向かって飛んで行ってしまった。

その日は日が暮れるまで、山の中に入ってチィちゃんを探したが、とうとう見つからなかった。兄弟3人と、外から窓を開けたおばあちゃんは責任を感じ、みんな落ち込んで、その日の晩御飯はもう最悪の空気だった。

次の日、通学途中も、時々山を見上げてはチィちゃんがいないか探してみたりしたけれど、当然どこにもいない。人の家の屋根の上を見たり、誰かに捕まっていないか、知らない人に声をかけて聞いてみたりしたが見つからない。

あくる日も、その次の日も、通学しながらチィちゃんを探したけど、見つからなかった。

いなくなって1週間くらい経ち、親が「正直、ペットとして飼われていたカナリアが自然の中で生きることは難しいじゃろ」と言っているのを聞いて、諦めかけていたある日。

僕は学校から山道を抜けて帰宅していた。学校から3キロ程離れた、田んぼと山に囲まれたとある道でチィちゃんのことを思い出し、「チィちゃ〜〜〜〜〜〜ん！」と大きな声で叫んだ。すると、田んぼから100メートル程離れた山の頂上から、チィ！　という声がした。

僕がその声の方を見ると、山の上からチィちゃんがパタパタと羽を羽ばたかせて、飛んできた。そしてそのまま、僕の肩にトンッととまった。

こんな奇跡あるんだ！　ちゃんとチィちゃんが生きていたことと、1週間経ってもチィちゃんが僕を覚えていてくれたことで、涙が出る程嬉しかった。

ただし、まだ肩にとまっただけで、チィちゃんはいつでもまたどこにでも飛んでいける状態にある。感動の再会といきたいところなんだけれど、捕獲しないと……小学生の僕の心に緊張が走った。

あまりにも思いがけない出来事だったので、田んぼで作業していた知らないおばさんが、「まぁ、よう慣れとるんじゃやね〜」と話しかけてきたのだが、ちょっとした物音ですぐに飛んでいくのは間違いないから、ちょっと黙っててくれと思ってしまった。

ただ、無視すると感じが悪いので、首だけでゆっくりと会釈した。そして、この状況でチィちゃんを捕まえるにはどうすればいいのか、考えて行動に移す。

左肩にとまって、キョロキョロしているチィちゃんに向けてゆっくり右手を動かしていく。チィちゃんに気付かれないように。

右肘を曲げ、90度になったら、肩に向けて身体に沿わせながら腕を上げていき、肩口のあたりまで手がきたところで、一息ついた。チィちゃんは首を傾げるような仕草をしている。

その瞬間、バッ!! と手を動かし、チィちゃんのボディを摑んだ!

「チィチィ……!」チィちゃんの鳴き声が田園風景に轟いた。

涙の再会の数秒後、こんな手荒なことをしたくないのは山々なのだけど、これしか方法がない。ごめんねと思いながらも、逃走から1週間経って、やっとチィちゃんを捕獲することに成功した。

僕は手にチィちゃんを捕まえたまま、家まで30分かけて歩いて帰った。鳥籠に戻すと、餌を美味しそうに食べていた。

この一件で僕は少しの間、「山から降りてくる鳥使い少年」として町で噂になった。

東京のマンションから眩しい夜景を眺めていると、あれは夢だったんじゃないかと、時々思う。

# 18年目のジャンガジャンガ

「ジャンガジャンガ」

それはギャグというよりは、ショートコントとショートコントをつなぐ、ブリッジというものなのだが、僕たちがテレビに出演させてもらえるきっかけになったのが、このジャンガジャンガであるのは間違いない。

ロケで街を歩いていると、おばちゃんが声をかけてきて、

「あの〜〜誰だっけ?……ジャンジャカジャンジャンジャンの………」

と、ちょっと違うけれど、僕の名前をわからない人でもその響きだけは覚えてくれている、アンガールズの代名詞みたいなものでもある。

ジャンガジャンガを知らない人のために、少し説明をさせていただく。

ショートコント　人工呼吸

田中「よし人工呼吸の練習するぞ」
山根「はい」
田中「(心臓マッサージの動き) 1 2 3 4 5」
山根「(息を吹き込む動き) ふぅ〜〜〜〜〜〜」
田中「1 2 3 4 5」
山根「ふぅ〜〜〜〜〜〜〜」
田中「1 2 3 4 5」
山根「ふぅ〜〜〜ちょっとしんどい、交代して」
田中「うん」
(二人の位置を交代しようとするが、同じ方向に避けたのですれ違えなくて)
二人「あわわわあ、はははは」
「ジャンガジャンガ………ジャ〜ン」

あえて補足するならば、日常の〝あるあるネタ〟を動きで表現し、微妙な心理の恥ずかしさの瞬間を切り取るために、ジャンガジャンガをやる。作った当時はなかなか新しい感覚のネタだった。

これだけ見ると、誰でも簡単に作れそうなショートコントだと思うかもしれないけれど、意外と難しい。

まずショートコントは大体、1本15秒。その15秒という尺の中に、あるあると微妙な心理の恥ずかしさが共存するネタはなかなか思いつかず、一日考えてもショートコント1本しかできないこともあった。

芸人になって4年目の頃、「爆笑問題のバク天!」というTBSの番組のオーディションに参加した。

「とにかく変なネタを持ってきてください」というオーダーで、そのオーディションに持って行ったのがジャンガジャンガだった。

実を言うと、その頃のジャンガジャンガは、お客さんの前でやってウケたことがなかった。

オーディションの1ヶ月前に、事務所の先輩であるふかわりょうさんの学園祭の仕事について行き、前座として、僕たちがネタをやることになった。600人のお客さんの前でジャンガジャンガをやったところ、600人もいるのに、笑い声ひとつ聞こえなくて、ダダ滑りした。シーンとなったところで、遠くから救急車のサイレンの音が聞こえてきて「滑りすぎて迎えがきたね」と自虐して、ちょっとウケただけだ。

オーディションに行ったら、「俺は簡単には笑わないぞ」という雰囲気の、いかにも気難しそうなスタッフさんがネタを見ていた。これは勝ち目ないなと思いつつ、問題作ジャンガジャンガをやってみた。

めちゃくちゃウケた。

「え〜、こういうの何本もあるの？」と言われ、正直、3本くらいしか無かったけれど、「あと10本くらいあります」と嘘をついたら合格して、番組への出演が決まった。

まず、僕たちのネタだけの収録があって、それを爆笑問題さん他、タレントさんがスタジオで見る収録が後日行われる。

僕たちはその現場には行かないのだが、スタジオ収録が終わってすぐ、マネージャーさんから「あのネタいっぱい作っといて」と連絡が来た。どうやらスタジオでもめちゃくちゃウケたらしく、次の出演がすぐに決まったのだ。

あんなにダダ滑りしたネタがそこまでウケる実感が全くないまま、とりあえずその放送日にオンエアを見ると、確かにタレントの皆さんがジャンガジャンガを見て、めちゃくちゃ笑ってくれていた。

それまで深夜番組に30回くらいは出たことがあったけれど、ゴールデン番組一発の力はすさまじく、初めて昔の同級生や友達から沢山メールが来た。

ジャンガジャンガが無かったら、その後何年もバイト生活をしていたのは間違いない。

それから、18年。今ではジャンガジャンガをやることは、あまりなくなった。地方のイベントでやったり、年に5回くらいは、テレビでちょっと頼まれてやったりするけれど、それだけだ。

本人がこんな状態だから、街でジャンガジャンガをやっている人なんて一人もいない。

「うちの子がね、家でジャンガジャンガばっかりやって困るんです～」

と嬉しい苦情を受けていた時代が懐かしい。

ジャンガジャンガを知らない世代も増えていくのだろう。

アンガールズの代名詞が消えていくなぁ……。

「田中さん、少しお時間いいですか？」

テレビ局のメイクルームで、教育学者の齋藤孝さんに話しかけられた。

齋藤さんは大学で教育学を教えていて、未来の教員を育てるお仕事をされているだけでなく、著書『声に出して読みたい日本語』など、言葉に関して一流の方である。

その一方で、「全力！脱力タイムズ」などバラエティ番組にも出演される、面白い方でもある。

ることころだった。


齋藤さんは夕方の報道番組にコメンテーターとして出演するための準備をされてい
るところだった。

　齋藤さんとは、何度か仕事をご一緒したし、メイクルームでも、以前ちょっとだけ喋ったこともある。だけど、ガッツリ喋ったことはなく、話しかけられて驚いていると、

「いや〜実は、アンガールズさんのジャンガジャンガをいつも使わせて頂いてるんです」

　と言われた。いや、この令和の時代に、しかもこんな教育学の先生に言われるはずのない言葉だ。

「え？　なんでですか？」と動揺しながら聞き返すと、

「実は僕の授業では、最後に、今日教えたことを学生にショートコントで説明させているんです」

　そんな授業スタイルがあるんだと思ったのだが、齋藤さん曰く、授業で行ったことを理解するのには、それが一番いいらしい。

　授業で学んだことを頭で整理して、ネタを作ることで記憶に残りやすくなったり、理解が深まったりするそう。しかも、自分達で動いたりセリフを口にしたりすることで、もっと記憶に残る、さらにそれが笑いというものに繋がると、もっともっと記憶

に残る。

ちゃんとエビデンスに基づいた教育方針らしいのだ。

ただ、この教育方針には難点があったようで、

「いや〜僕のこのやり方なんだけど、授業の最後に『じゃあこれをコントで発表してくれる人いる？』と聞くと、みんな恥ずかしがってやらないんですよ〜」

とのこと。

まぁ、人前でコントをやるなんて普通の人ならみんな嫌がるし、芸人だって、さっき聞いたことをすぐにコントにするというのは、なかなか難しい。

齋藤さんは「別に滑ってもいいから、やることで記憶に残るんだから、ウケる滑るは関係ないのに……」と言うけれど、やっぱり人前で滑るというのは、一生のトラウマになるくらいの出来事だったりする。僕も大学生の時、学部の新入生歓迎イベントで「田中卓志なので、ヘイタクシーって呼んでください」と言ってやや滑った瞬間は、今でも思い出すと、頭がうわ〜〜〜ってなる。なんであんなこと言ったのだろうと、大学構内を歩くのすら恥ずかしくなった記憶がある。

「大学生の滑りに対する耐性を甘く見過ぎだよ……」

と齋藤さんに教えてあげたかったけれど、齋藤さんは続けて、

「でね、僕はこう言ったんです、面白くなくてもとりあえずコント作って、最後にジ

ャンガジャンガって言えばウケるんだから！　って。そうしたら1グループの学生が出てきて、ショートコントの最後にジャンガジャンガをやったらウケたんですよ。それから他のグループもどんどん出てきて、ジャンガジャンガのショートコントをやってウケて。今では毎回、授業の最後にみんなで、ジャンガジャンガのショートコントをやってるんです」

と感謝してくれたのだ。

ジャンガジャンガが世に出てから18年が経って、いまだに使われているのにも驚いたが、齋藤さんの編み出した教育法の最後のピースとして、ジャンガジャンガがぴたりとはまったことが、とても嬉しかった。

齋藤さんが「勝手に使っているので、許可を頂いてもいいですかね？」とおっしゃったので、「どうぞどうぞ！　そんなものでよければ使ってください」と喜んで許可した。

ただ気になったのは「面白くなくてもとりあえずコント作って、最後にジャンガジャンガって言えばウケるんだから！」という言葉。

最初に書いた通り、ジャンガジャンガとは、あるあると微妙な心理の恥ずかしさを切り取ったネタであり、なかなか難しいことをやっていて、一日考えても1個しかネタが作れないこともある。

齋藤さんにそれを伝えようと思ったところで、踏みとどまった。

確かに自分の中ではお笑いとして難しいことをやっていると思っていたけれど、世の中の人には、なんかコント作っててジャンガジャンガって言えばウケるんだから、という雑な印象で伝わっていたのかもしれない。そしてこの雑な印象が、笑いに繋がっていた一因だったのかもしれない。

短いコントを雑にジャンガジャンガで繋ぐことがある意味面白かったのだ。

ジャンガジャンガには困った時に強引に笑いに持っていく救済措置的な要素も含まれていることを、言葉のプロである齋藤さんに言われて気づいた。

本来の意図はわかる人にだけ伝わればいいのである。

世の中から消え去ったジャンガジャンガは今、ひっそりと教育現場で役に立っている。

『声に出して読みたい日本語』にジャンガジャンガが入れば、新たな世代に引き継がれるかもしれない。

そんなに甘くはないか……。

# 幻のパワーワード

　時間が経ってから自分が書いた文章を読むと、面白かったり、恥ずかしかったりする。さらに、忘れ去ってしまっていた当時の情景を思い出したりすることもある。自分の言葉を乗り物にして、少しだけタイムトラベルしているような気持ちになれる。

　大学生の時、サークルのメンバー20人程で広島県府中市にある河佐峡（かわさきょう）という場所にキャンプに行った。参加者の中には山根もいた。

　そのころは、将来一緒にお笑い芸人をやるなんて思ってなかったけれど、お互いに気が合って、一緒にやったレクリエーションの司会は、大学生レベルだけど相当ウケた記憶がある。

　綺麗な川が流れ、岩の上から飛び込んだりして遊び、夜になるとキャンプファイヤーや、きもだめし、たくさんの思い出が出来て、帰り際にみんなでタイムカプセルを埋めようという話になった。

それぞれ小さな紙に、将来の自分へのメッセージや、このキャンプの思い出などを書いてクッキーが入っていた大きめの缶の中に入れると、缶は紙で一杯になった。

それをキャンプ場の隅っこに埋め、サークルのみんなで、その埋めた場所を指差し、写真を撮った。


それから、20年。

広島で放送されている「元就。」というアンガールズが広島県内でロケをする番組で、河佐峡を訪れた。「このキャンプ場にタイムカプセルを埋めたな〜」とスタッフさんに話したところ、「今度、番組のゴールデン特番で、そのタイムカプセルを掘り出してみませんか？」と提案された。掘り返してみたいと思ったけれど、僕だけの判断で決めるわけにもいかない。そもそも誰か他のサークルのメンバーが、もう掘り返しているかもしれない。

とりあえず連絡がつく限り、キャンプに参加していた人に相談したところ、誰も掘っていないということがわかり、番組で掘ることも快く許可してくれた。

ラストにタイムカプセルが出てきて、中に詰めこまれていたみんなのメッセージを読んで感動したり懐かしんだりする、ほっこりした番組になることは間違いない。ゴールデンにはもってこいの企画が決定した。

そして番組の盛り上がりを意識しつつ、僕自身が誰よりも掘り起こすことを楽しみにしていた。

僕がそのタイムカプセルの中に残したのは、絶対にすべらない言葉だったからだ。何を書いたのかは覚えていない。でも、そのキャンプでめちゃくちゃウケた言葉を書いたことだけは覚えている。言うだけでドカンとウケる、パワーワードだった。

僕はその言葉をタイムカプセルから掘り出して、これからの芸能人生に使ってやろうと企んでいた。

石塚英彦さんの「まいう〜」、志村けんさんの「アイ〜ン」、オードリー春日の「トゥース」……。言うだけでウケるレベルのパワーワードが、過去の自分からプレゼントされるなんて。期待に胸を膨らませてロケ当日を待った。


ゲストに柴田理恵さんを迎えて、ロケが始まった。最高のゲストだ。

僕の中には、タイムカプセルから出て来たみんなのメッセージを読んで、「若い頃を思い出すわぁ〜」とハンカチで目を押さえる柴田さんがもう見えている。いいラストが迎えられそうだ。

当時撮影した写真を手掛かりに早速掘り返すことになったのだが、キャンプ場の隅々まで歩いてみても、その場所が見当たらない。写真の中では、電柱の右側で、サークルのみんなが埋めた場所を指差している。そんな場所がどこを探してもないのだ。電柱なんてなかなか位置が変わるものでもない。電柱を目印に目的の場所を探していると、キャンプ場の裏山の中に電柱が見えた。

写真に写っている電柱によく似ている。肩まである草を掻き分け山の中に入っていくと、当時の面影をわずかに残したその電柱であることがわかった。

20年の時が経ってキャンプ場の位置が少し変わっており、当時はキャンプ場だったところには草木がボーボーに生え、すでに森になっていた。

埋めた場所の地面すら見えないので、まずはそこの草刈り作業からスタートすることとなった。カメラマンや音声さんが入ってこられるように、10畳くらいの範囲の草をみんなで刈る。

1時間くらい経っただろうか。やっと刈り終わって、いよいよ掘り出すときがきた。写真と見比べながら、みんなが指差している場所を特定し、スコップで掘り進める。

「ガリッ！」

柴田理恵さんやスタッフさんから「おおお！」という声が上がる。ゆっくりとその周りの土を払ってみると、ただの大きな石だった。

「なんだよ〜」

テレビ的にもいいフェイントだ！「ここでＣＭを跨げるぞ」なんて言いながら、さらに掘っていった。

しかしここから少しずつ、雲行きが怪しくなる。その場所を掘っても掘っても、土しか出てこないのだ。

穴の深さが１メートルに達しようとした時に、「いや俺たち、こんなに掘ってないよな〜」と山根が言った。

確かに、どのくらい掘ったか覚えてないけれど、流石に１メートルなんて深さに埋めないし、クッキーの缶が埋まればいいと思ったので、せいぜい50センチだ。

場所がずれているのかと思い、柴田さんにも協力してもらい、その周辺を掘ってみる。しかし、全く出てこない。

時刻は17時を過ぎ、辺りが徐々に暗くなって来ていた。このままではマズいということになり、万が一の時のために用意していた金属探知機を駆使して探索することになった。

すぐに「ピーーーー！」という音が鳴り、その場所を掘り返してみたが、何にも出てこない。聞くと、微妙な金属成分にも反応するから間違いはあるらしい。その後も、鳴っては掘り鳴っては掘りを繰り返すも、出てくるのは石だけ。金属探知機の性能に腹が立つくらい、何も出てこなかった。

柴田さんの顔にも疲れの色が浮かんできた。このままだと、感動のラストシーンで泣いてくれないかもしれない。

その場にいる全員に焦りが見え始めた。

辺りが真っ暗になって、照明をつけながら作業を進める。この時、写真に写っている土の部分は、もう全て掘り返していた。

もはや時間がないので、僕の実家にある小さいパワーショベル（僕が160万円も出して買ってあげた）を持ってきて掘ろうということになった。僕はそれの使い方がわからないので、地元の人に運転してもらった。

流石パワーショベル、人間がスコップで50回くらいすくう量を、一すくいで掘り出せる。しかし、その後1時間掘り続けても何も出てこない。

パワーショベルのグワァ〜〜〜という音に紛れて、「本当に誰も掘り返してないのかな？」という声が上がったり、「もう、何も出ませんでしたっていうオチにしようか？」とスタッフさんのガチの相談が始まっていた頃、写真の場所から7メートルくらい離れた場所を掘り返したら、何か塊が見えた。

「ストップ！！！」

僕が大きな声で運転手に告げると、パワーショベルが止まった。それは平たい金属の塊で、間違いなくあの時埋めたクッキー缶の蓋の部分だった。

「蓋だ！」

掘り始めて4時間が経っていた。みんなのため息が歓喜の声に変わる。20年の間に雨の影響で土砂と一緒に流れたのか、7メートルも動いていたから驚きだ。

その周りを探すと、缶の下の部分が土から顔を出した。

「おおおおお！！！」

物凄い声が上がった。

よし！　ゆっくり掘り返そうと思ったのと同時に、動揺の声が辺りを包んだ。

缶は蓋が外れているので、当然中が見えるのだが、土がパンパンに詰まっていたのだ。

え？　俺たちのメッセージは？　缶の中の土の下にあるのか？

山根と僕は缶から土を出してみたが、中には何もなく、紙切れ一つ見つからなかった。

20年の月日の中で、缶の中には当然水が入ってしまい、防水対策をしていない紙は腐り、土に戻ってしまっていた。5〜6年なら紙のかけらくらいは残っていたかもしれないけれど、20年も経つと綺麗に土に変わっていて、跡形もない。柴田理恵さんから「あんたたち、なんで防水対策してないのよ〜」と叱責を受けて、ロケが終わった。

結局、柴田さんの涙は一滴も流れないままだった。

何も出なかったという番組のオチはそれで済んだのだが、僕の書き残した渾身のギャグワードが土になってしまったことが悔しくて、跡形もなく消えた紙と対照的に、後悔だけが僕の中に残った。


それから数日して、その番組が放送された。すると当時一緒のサークルで同学年だったT君からLINEが入った。

「タイムカプセルの番組見たよ、お前が書いたキャンプで流行った面白い言葉覚えてるよ」

僕が忘れていたパワーワードを、T君は覚えていたのだ。しめた！　これで一度は腐って土になってしまったギャグが思い出せる！　わざわざテレビの企画で掘り出した甲斐があった！

すぐさま「え？　本当？　何ていう言葉？」と返すと、

「『ほんまに〜』だよ」

………何も面白くない。

「ほんまに〜」とは広島弁で本当に？　という意味。

僕は一瞬「え？　そんな言葉？」となったが、忘れ去られていた記憶が徐々に蘇って、タイムトラベルが始まった。

確かにそのキャンプで「ほんまに〜」と言ったら、みんなが笑っていた情景を思い出した。そして、切り株の上に座って、メッセージの紙に「ほんまに〜」と書いた自分も思い出した。大学の内輪のメンバーで、ちょっと響きが面白いからというだけで「ほんまに〜」と繰り返し言ってゲラゲラ笑っていた自分を思い出し、自分の笑いのレベルの低さに落胆した。

紙が腐って土へと変わってしまったように、その当時新鮮でウケていた言葉も時を経て腐ってしまったような感覚に包まれた僕は、その思い出に蓋をして、もう一度土を被せたのだった。

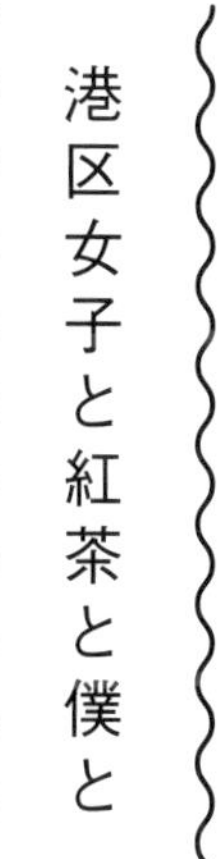

# 港区女子と紅茶と僕と

数々の失恋をしてきた。でも僕の失恋は失ってばかりではない。

初恋のMさん。小学校の同級生だ。僕は彼女に2度恋をする。

1度目は小学生の時。2度目は上京してまもない頃。母から「Mちゃんがね、中国に行ってお茶の勉強をして帰ってきて、地元でお茶屋さんを開いたんよ」と電話で聞いた。初恋の思い出と共に、その「お茶の勉強」という品のあるワードに僕の心が燃えたぎった。

そうだ、紅茶の勉強をしよう！ いつかMさんに会ったら、お茶の話ができるかもしれない。共通の話題があれば、一気に距離が縮まって初恋の人と付き合えるかもしれない！ よし、すぐ紅茶を買いに行こう。

完全に不純な動機で紅茶を好きになったのだ。

動機こそ不純だったが、始めてみると紅茶の世界はとても深く、正しい紅茶の淹れ方、そして紅茶の歴史や種類など知識が増えていくのも楽しかった。

その後、テレビで初恋の人に告白するという企画があり、Mさんに、告白。

結果……あっさり振られて、僕の体に紅茶だけが残った。

その失恋の傷を埋めてくれたのは、囲碁の先生だった。好きになって囲碁を始めた直後に、先生が結婚。囲碁だけが僕の体に残った。

次に恋に落ちたのがバイオリニスト。バイオリンを始めて告白したら振られて、バイオリンだけが僕の体に残った。

テレビでこの話をしたら、僕は、好きになった相手の特技を趣味にコピーしていくモンスター呼ばわりされるようになった。でも、全ての趣味を今でも続けているので、ただただ不純なモンスターではないことだけは、声を大にして言っておきたい。

特に紅茶に関しては、ほぼ毎日淹れて飲んでいる。家の棚には茶葉を常に100種類くらい置いていて、朝、紅茶を飲みながら窓の外を見ている僕は、シルエットだけは英国紳士と全く同じだ。夏は水出し紅茶を作り、秋冬はホットのフルーツティーも淹れてみる。僕は芸能界でも屈指の紅茶に詳しい芸能人になって、紅茶の番組だけでなく、あの「午後の紅茶」のCMにも出演させてもらった。

そんな僕が新たな恋を求めて合コンに参加した。同じ事務所のロッチの中岡が主催だ。

メンバーはイケメンの後輩芸人、我が家の坪倉と僕で、3対3の合コン。

女性陣が合流するまで30分くらいあったので、恵比寿の居酒屋に先に入り、中岡に好みの女性について話していた。

「いや〜俺たちみたいなブサイクはさ、『港区女子』みたいな女性と付き合うのだけはやめような、あいつら俺たちみたいな人間をすごく下に見てくるじゃん!」

僕はいわゆる「港区女子」のような存在が苦手だ。かなり苦手。嫌いに近い苦手。以前、港区女子と飲んだ時、ブサイクだからということだけで見下され、イライラさせられたことにも起因する。港区女子の自分たちは充実しているというアピールが苦手だし、アピールする姿勢が必死すぎてめちゃくちゃダサく見えてしまう。まぁ、全部僻みと言われればそれまでなのだが……。

中岡は、「確かにそうだよな〜俺もそういう女の子は嫌いだよ。今日の女子はそんな子じゃなくて、みんな良い子だから」と答えた。

わかってるじゃん中岡。今日の合コンはうまくいきそうだ。

坪倉も合流し、約束の時間を迎えそわそわしていると、店員さんが「お連れ様お待ちです」と女性陣を連れてきた。

扉の向こうから現れた女性。

清楚系。うん、かわいらしいワンピース。

そして、何が入っているの？　と聞きたくなるような小さすぎるカバン。

そしてよく見ると、意外と化粧をバッキバキにしている。

……これは完全に港区女子だ。言い方は悪いが、3人の生意気そうな雰囲気の女子が目の前に立っていた。

中岡に「おい、どういうことだ？」と聞きたかったが、彼女たちを目の前にしてそんなことを言うわけにもいかない。

……いや、見た目は港区女子だけど、中身は良い子かもしれないじゃないか。ブサイクだからということだけで見下されイライラした僕が、同じ過ちを犯してなるものか。

僕は必死に愛想良く振る舞った。この合コン男性3人の中でイケメンは坪倉しかいない。彼女たちからしたらハズレの合コンかもしれない。でも、せめて楽しんでもらえるように頑張るのが、ブサイクの戦い方だ。

僕は率先して彼女らにサラダを取り分けた。坪倉が彼女たちの名前を間違えようものなら「違うよ、Aちゃんだよ」と修正した。自分が楽しむよりも、この時間が彼女たちにとって過ごしやすい時間になるように考えて動いた。

しかし合コンは坪倉の一言で急に流れが変わる。

「今から女の子の順位をつける！」

「えええええ〜〜！」

不満なのか、楽しんでいるのか、よくわからない彼女たちのリアクション。坪倉はそんなことも気にせず、女子3人に1位2位3位と順位をつけた。これがイケメンの合コンでの戦い方なのか……。僕の感覚では、こんな機嫌が悪くなりそうなことは言えないというか、実際少し不機嫌になっているし……。

芸人としてもそれなりに場数は踏んできたほうだ。僕は機転を利かせる。

「あっ、じゃあこうしよう、今度は女子が男子の順位をつければ良いじゃん」

次は彼女たちの番。仕返しとばかりに坪倉を最下位にできる絶好のパスを出してあげた……つもりだった。

彼女たちはあろうことか、3人とも僕を最下位にしたのだ。

「いや、今のは坪倉を最下位にするためのパスなんだよ!!」

と、心の叫びが噴出すると彼女たちはケラケラと笑っていた。お笑い的にはこれで良いのかもしれない。

でも、港区女子はお笑いとかではなく、ただただブサイクを最下位にしていたと思う。

港区女子はやっぱり想像通りだった。

合コンが終わった後、僕は恵比寿の駅前で中岡を叱りつけた。そして、もう二度と港区女子と飲まないという約束をしたのだった。

失恋をしたときとは逆に、僕は何も得るものがなく、心が荒んでいくような思いだった。

それから1年が経った頃、中岡から、頼み事の電話が来た。

「あのな、1斤5000円もするめちゃめちゃ高級な食パンもろうたんやけどな、折角ならめちゃくちゃ美味しい紅茶と一緒に食べたいな~思うて電話してん」

「紅茶を淹れて欲しい」という中岡からのお願いを、僕は即快諾した。

もちろん美味しいパンを食べたいという気持ちもあったけれど、呼ばれて他人の家で紅茶を淹れたことがなく、初めての出張紅茶だったからだ。

僕は、その当日、パンに合う茶葉を100種類くらいの紅茶コレクションの中から選んでいた。シンプルな食パンだからダージリンやアッサムをストレートで淹れてもいいかも。いや、でも待てよ、自分の好みだけ押し付けても仕方ない、リンゴやイチゴが一緒に入ったフルーツティーもいいかもしれない。紅茶の色が真っ赤になって、パーティーの雰囲気にピッタリだ。でも人の好みは様々、……決めきれないから、いくつか持っていこう。あとは、ティーセットも！　折角の紅茶だから、良いティーセットで飲んだほうが気分も上がる。

僕は持参する数客のカップ&ソーサーと、ティーポットがセットになった、10万円のティーセットが割れないように一つずつ丁寧にタオルで包んで、大きな袋に入れた。かなりの重さの紅茶セットをタクシーに積んで、会場である五反田の坪倉の家に向かうと、中岡はもう来ていて、先輩のスピードワゴンの井戸田さん、ケンドーコバヤシさんも参加していた。

「まず鍋をみんなで食べて、その後パンパーティーにしよう」と中岡に言われ、「パンを食べる前に鍋を食べるの？　先に紅茶とパンをサクッと食べてから、ゆっくり鍋をしても良いのでは？」と思った。

でも、夜7時だったので確かにお腹が空いていて、みんなも喜んでいたから、それに従った。あとどうでも良いかもしれないが、僕的にはティーパーティーであったけれど、中岡的にはパンパーティーだった。……そうだった、パンを引き立てるものとして今日は紅茶を持ってきているんだ、でしゃばらないようにしなければ。

2時間くらいかけて鍋を食べて、さぁそろそろパンパーティーだ！　と思った時に、中岡が、

「実は、今日女の子を3人呼んでるんだよ。これから来るから」

と衝撃の一言を放った。嫌な予感しかしない。

中岡が呼ぶ女性に良いイメージがない僕は勘弁してくれと思ったし、人数が増えるなら、カップ&ソーサーをもう3客持って来なければいけない。紅茶に細部までこだわりたいと思って、準備してきたんだから。しかも、女性を呼ぶなら事前に言っておいてほしい。芸人だけでワイワイやって楽しかった空気が、他人が入ってくると変わるかもしれないし、気も遣う。

大体、これから来るのがもし港区女子だとしたら、正直僕の淹れた紅茶なんて飲まないだろうし、飲んだとしても「別に普通じゃん」とか言われて終わりなんだ。人が傷つくことを平気で言う種族なのだから。僕みたいなブサイクと港区女子は、紅茶とパンみたいな関係になることなんて無いのだから。

「え？　合流するの？」

女性が合流するのが嫌だという雰囲気を出して中岡に聞いたが、「うん、もうこっち向かってんねん！」と言い放った。

僕は彼女たちが来る前にティーパーティーを開いて終わりたかったが、みんな鍋でお腹が一杯になってしまい、なかなかパンを食べたがる人がいない。これは、どう考えても女性が合流してからの開催になってしまう。

僕は、今から来る女性が港区女子じゃないことだけを願った。1年前、恵比寿の駅前で中岡をあれだけ叱ったんだから、もう、そういう子とは縁を切っているはずだ……。

しばらくすると、インターホンが鳴った。

僕はインターホンに一番近い席に座っていたので、通話ボタンを押した。オートロックの場所にあるカメラ映像が映り、そこには3人の女性がいた。

港区女子だった（いちおう、以前の合コンとは違う港区女子だ）。

絶望しかなかったが、もう一度言わせて貰うと、見た目で人を判断するようなことだけはしてはいけない。自分がされて嫌なことをしたら終わりだから。

オートロックの解錠ボタンを押して、女性たちを通した。

間もなく玄関のインターホンが鳴った。

家主である坪倉がドアを開けると、3人の女性たちが入ってきた。しかし、あろうことか僕たちや、先輩のケンドーコバヤシさん、井戸田さんに挨拶もせず、ダイニングをすり抜け、ずかずかと部屋の奥にあるソファーに座り、3人だけでコソコソ飲み始めた。

「え？　他人の家だよね？　挨拶もないのか？　しかも何なんだよ！　最悪俺はいい！　ブサイクだし！　そういう目で見てくるのはわかってる。でも、先輩たちもいるんだから挨拶くらいしろよ！　人間としておかしいだろ‼」

怒りが爆発しそうだったけれど、僕はグッと堪えた。

もしかしたら、いきなり男子がいる部屋に来たから、緊張しているのかもしれない。ここは、知り合いである中岡が間に入って、みんなに挨拶を促せば良いだけだ。中岡から紹介してもらえれば全て解決する。中岡を見ると、すぐに彼女たちのほうに歩いて行った。

わかってるじゃん、中岡。そう思った矢先、中岡は女性の側に座って普通に飲み始めた。僕たちに紹介もせずに……。

僕はこの瞬間怒りが頂点に達し、身体中の血液が沸騰するような感覚になり、叫んだ。

「お前らに飲ませる紅茶はねぇ!!!!」

自分で丁寧に包んで持ってきたティーセットや紅茶の茶葉は袋から一度も出さないまま部屋を飛び出し、気づいたら五反田の大通りでタクシーを拾っていた。

心配して追いかけて来てくれた坪倉に、

「申し訳ないね、空気、俺が壊しちゃって。でもあいつらに俺の紅茶を飲ませるわけにはいかないいんだよ」

と告げた。

「いや、良いですよ。あの態度はないですよね。紅茶飲みたかったですけど、仕方ないです」

坪倉が気を遣ってくれたが、僕はそのままタクシーに乗り込んだ。

以前の港区女子の嫌な思い出が蘇ったからなのか、シミュレーションまでした紅茶がうまくふるまえなかったからなのか、ずっと僕は苛立っていて、その一件からしばらく中岡とは険悪になった。だから僕はアメリカ独立戦争のきっかけとなったボストンティーパーティー事件になぞらえて、このことを勝手に五反田ティーパーティー事件と呼んでいる。

## リミッターが外れた

人間にはリミッターがついている、と言われている。

それが分かるケースといえば、火事場の馬鹿力がまさにそうで、いざという時、普段では考えられない重い物を持ち上げたりできる。

ただその力を常時使うと、人間の筋肉や骨が壊れてしまうので、普段は20パーセント程の力しか使えないように、脳が制御しているというものだ。そのリミッターを意図的に外すこともできるらしく、ハンマー投げの選手が大きな声を出すのは脳のリミッターを外す意図があるらしい。

なぜ大声を出すと外れるのかはよく分かっていないらしいが、それによって脳をコントロールできるということだ。

僕自身は意図的に自分のリミッターを外すことなどないけれど、外れる瞬間があったことは覚えている。

そのリミッターが外れる半年前、ふと思った。

「いつから僕の前歯はこんなに前へ出ていたんだろう」

中学生の頃から徐々に出っ歯になっていって、20歳を過ぎたあたりから自分でも気になるくらいの出っ歯になっていた。

それでもまぁ大丈夫、そろそろ進行も止まるだろう、矯正するお金もないからと放っておいたら、一切止まることなく40歳を過ぎ、前歯は上の歯が斜め30度くらい前に飛び出て、あごをどんなにしゃくらせてみても、下の歯を上の歯に噛み合わせることができなくなった。

噛むことができない歯は、ただの飾りとなり、食事のとき、前歯で肉や沢庵を噛み切れなくなる。そうなると、八重歯で噛み切るようになって、口の横から食べ物を入れるようになってしまい、何だか、野性味のあふれる食べ方になる。

前歯もなんとなく申し訳なさそうに、ただただ生えているように見えて、気の毒に思えてきた。

そんなある日、奥歯の銀の被せ物がとれて歯医者に行ったついでに、歯の矯正について相談してみた。

「あの～、歯の矯正をやりたいと思ってるんですけど……」

「あ、はい、うちでもやっていますので」

「僕の歯ってこんなに前に出てるのに、矯正できるもんですかね？」

「はいできますよ、もっと出ている方もたくさん矯正してきましたから」

非常に頼もしい言葉をいただいた。

これなら、いつか矯正をお願いしてもいいかなと思っていると、

「因みに矯正するなら早い方がいいですよ、歯はいくつになっても動きますから、このままだとどんどん前に出ます。放っておいたら前歯がこうなりますよ」

歯科医は脅迫するように言い放ち、手のひらを口の前に持ってきて水平に突き出した。

「えっ！」

自分がそんな歯になるなんて。恐怖ですぐに矯正をお願いしようと思ったが、一瞬躊躇する。

そんな歯になったら、めちゃくちゃウケるかもしれない。

芸人特有の職業病だ。どうするか10秒程考えた結果、僕の脳のリミッターがしっかりと仕事をしてくれた。

恐らく最初の1回はウケるだろう。けれど、そんなのすぐにみんな慣れるだろうし、それより、特徴があり過ぎて仕事の幅を狭めそうだ。考えを改め、矯正をお願いする

ことにすると、歯医者さんに、矯正方法を選択するように言われた。

方法はいろいろあるそうだ。まず、一般的によく見る、歯の前側からワイヤーで矯正する方法。これがシンプルで一番早いらしい。

しかし、すごく目立つので、それが嫌だという場合は、歯の裏側から矯正器具を着ける方法がある。

これは目立ちにくいけれど、器具が舌に当たる不快感があり、表から器具を着けるよりも時間もお金もかかるそうだ。また、歯の形状によっては出来ない場合もあるという。一長一短だ。

そして、僕が選んだのは比較的新しく出来た、インビザラインという方法だ。

これは、まず自分の歯型を取り、それに合わせて透明なプラスチックのマウスピースを作り、歯の上に被せる。そのマウスピースは、元の歯型より歯並びが少しだけ良くなっているものであり、着けていると歯が若干動く。

それを2週間くらい着けて、次は前よりももっと歯並びが良くなっているマウスピースを着ける。これを繰り返して、理想の歯並びに近づけるのだ。僕の場合、80枚着け替えれば理想の歯並びになる。

この方法のいいところは、マウスピースが透明なので、矯正しているのがほとんどわからないこと。至近距離で見たらやっとわかるレベルで、テレビに出る仕事をしている僕にとってこれ以上ない矯正方法だ。

ただひとつ面倒なのは、ご飯を食べる前にそのマウスピースを外さないといけないということだった。マウスピースと歯の間に、食べ物などが挟まって取れなくなってしまうらしい。

一人の時はいいけれど、友人とご飯を食べる直前に口の中に手を突っ込んでマウスピースを外すのはなかなかの衝撃映像になる。だから、食事の前にトイレに行ったりして外さないといけない。また、食事が終わったらすぐに歯磨きをしてマウスピースを着けないといけないのも、なかなか面倒だった。

そして歯医者さんから、

「マウスピースを外したら、この赤いケースに入れてください」

と言われて、真っ赤な目立つケースを渡された。

「外食した時、ケースじゃなくて、そのままテーブルに置いたり、もしくはティッシュに包んだりする人がいるのですが、そうするとうっかりテーブルに忘れて帰ってしまうんです。透明だから、忘れても気づかないんです！　この目立つケースに入れておけば忘れませんので！　なんでこんなことを言うかというと、80枚渡しているマウスピースのうち、例えば50番目のマウスピースは1枚しかないからです。もしその50番目のマウスピースをなくしてしまったら、アメリカに発注しないといけないので、作り直すまでに1ヶ月かかります。歯の矯正が1ヶ月遅れますので、絶対にこのケースに入れてなくさないでください」

と随分口酸っぱく念入りに忠告された。多分、相当な数の人が今までなくしてきたんだろうと感じた。

僕はそこまで言われるならと思い、それから毎日食事の前にはマウスピースを外し、真っ赤な目立つケースに入れて、食事が終わったらそのケースからマウスピースを出し歯に着けるということをくり返した。

ただ人間というものは、慣れてくると、あれだけ注意されたことを忘れてしまう。

僕は食事前にそのケースをいちいち鞄から出すことを面倒に感じるようになった。ケースを鞄から出す手間をかけてマウスピースを入れても、食事の後すぐにケースからマウスピースを出して歯に着けることになる。

それなら、テーブルにある紙ナプキンに乗せておいて、食べ終わったらそこから取って歯に着ければいい。その日から僕はケースを鞄から出さなくなった。

そして、それから1ヶ月もすると、マウスピースを食後すぐに着けるのも面倒になる。

紙ナプキンに包んだマウスピースを家に持って帰ってから、着ければいいや。

そう思うようになる。

そして事件は起きる。牛丼屋さんに行った時、その日もマウスピースを外して、さらにどうせそのまま持って帰るのだからと紙ナプキンで包んでテーブルの上に置いた。つつがなく食事を終えて家に帰った時に気づいた。

あっ！　マウスピースをテーブルに忘れてきた!!

僕は急いで牛丼屋に戻った。食事を終えて15分は経っている。もはや全部片付けられているかもしれない。

自分が座っていたテーブルに辿り着いてみると、案の定、全て片付けられていた。紙ナプキンに包んだ僕のマウスピースは、もうそこにはなかった。

これは諦めるしかないなと思ったが、歯医者さんの言葉を思い出す。

「これをなくしたらアメリカに発注しないといけないので1ヶ月かかります。絶対なくさないでくださいね」

あんなに忠告されたのに、なくしましたと言って歯医者さんに行くのも恥ずかしい。

そう考えているうちに思いついた。

「ゴミ箱を見せてもらおう」

すぐに店員さんを呼んだが、この日シフトに入っていたのは、片言のカンボジア人留学生バイトの女性だった。20歳くらいのカンボジア人女性が二人。

僕は「すみません、ここに歯のマウスピースがなかったですか？」

「え？　あ？　マウス⁇」

「歯を、矯正する、透明な……」

「え〜〜あ〜〜〜すみません、わかりません」

だめだ、これではどうにもならない。もっとわかりやすく説明しなければ。

「紙に包んだ、忘れ物、ゴミ箱、見ていい？」

「ああ、どうぞ！」

そこで彼女が持ってきたのは、ゴミ箱ではなく巨大なゴミ袋だった。おそらく、ゴミ袋に直接ゴミを入れていくスタイルのお店なんだろう。

そこにはみんなが使った紙ナプキンは勿論、食べ残しや卵の殻、調理過程に出てきたゴミなどがパンパンに詰まっていた。

あまりに汚らしいゴミの集まり。一瞬たじろいだ。が、その数秒後、僕のリミッターが外れた。

僕は気がつくと、どこの誰が食べ残した食べ物かわからないゴミに手を突っ込み、マウスピースを探し始めていた。ハンマー投げの選手のように大きな声を出すこともなく、静かに……。

紙ナプキンに包んだのは間違いないけれど、軽く包んだだけだからマウスピースは出てしまっているかもしれない。野菜くずや卵の殻を手で広げ、絡まったキャベツの千切りを解いてみたり、ゴミを光にかざしたりして、丁寧に探していった。

ゴミを光にかざそうと上を向いた時に、パッと目に入った店員のカンボジア人女性二人は、青ざめた顔で僕を見てドン引きしていた。

あぁいいさ、そういう目で見てくれていいよ！

日本男児は昔、ハラキリをやっていた時代があった、そもそも日本男児はこういう思い切ったことができるということを覚えて、カンボジアに帰ってもらったほうがいいのだから。

しかし、なかなか見つからない。僕がこの店を出て15分しか経っていないから、僕のマウスピースは上の方にあるはずなのに、5分探しても見つからない。僕はゴミ袋をさらにきっちりチェックするために、店員さんに新しいゴミ袋をもう1枚もらい、チェックし終わったゴミをその袋に入れて探していった。

汗だくになりながら20分くらいかけて袋の隅々まで探したが、見つからない。

諦められず、最初からチェックし直すことにした。すでに1回チェックしたゴミを、もう一度チェックした。

カンボジア人女性も、もう僕のことは見えていないのか？　というくらい、普通に仕事に戻っている。

当然だ。営業中のお店なので、どんどんお客は入ってくる。

1時間くらい探しただろうか？　結局、マウスピースがゴミ袋から出てくることはなかった。

これ以上探したらさすがに迷惑をかけてしまうので、僕は諦めてお店を出ることにした。

最後に、念のため自分の座っていたところに紙ナプキンなど残っていないか確認しに行ったら、テーブルの角に光るものが！

マウスピースだった。店員さんが片付ける時に、紙ナプキンから飛び出て、スーッとテーブルの角に行ってしまったんだろう。

最初からテーブルをしっかり探しておけばよかった。家に向かってトボトボ歩きながらふと手首を見ると、誰が食べ残したかもわからないご飯粒がついていて、背中がゾワッとなる。

リミッターが元に戻っていることに気がついた。

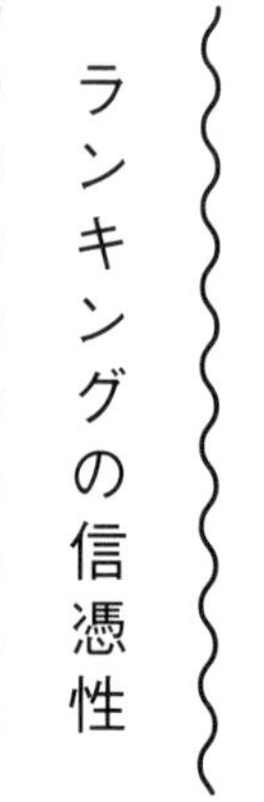

## ランキングの信憑性

　色々なテレビ番組や雑誌、ウェブサイトで発表される「ランキング」。

　そういうものに影響されないほうがカッコイイ人というイメージがあるので、僕も「あまり影響されないほうです！」と言いたいけれど、実際にはそうではない。

　行ったことがない駅に降りると、美味しいラーメン屋がないか？　とネットで「美味しいラーメン屋トップ10」を検索して、5位以内にランクインしているお店に入ってしまう。

　イベントで宇都宮に行った時も「宇都宮美味しい餃子屋さんランキング」で1位のところに行ったら行列ができていて、泣く泣く2位のところに行くとそこも行列ができていた、ということがあった。誰しも考えることは同じだし、みんなランキングの影響をすごく受けている。

　上位にランクインしているお店はいいだろう。けれど、下位にランキングされたラーメン屋さんの店主は、ラーメン屋ランキングに参加したいと表明しているわけではないだろうに、開店した時点で半強制的に参加させられ、勝手に不利益をこうむってしまうのだから、たまったものではないと思う。

ラーメン屋だったらラーメンの味で順位付けされるが、芸能界にいると、個人やグループのイメージでランキングされる。

人間自身が商品だから仕方がないのかもしれない。でも、影響を受けるのは商品であっても一人の人間だ。

彼女にしたい芸能人ランキングや上司にしたい芸能人ランキング。芸能界にいるだけで、それらには半強制的に参加させられる。


僕自身も芸人になって4年目の、やっとテレビに出られるようになった年に、エンタメ情報誌「日経エンタテインメント!」の「来年消えると思う芸人ランキング」にすぐさまランクインさせられた。

若手でこれから頑張っていこうという時だったからかなり傷ついたし、芸能界でやっていけるのか不安になった。

それでも1年頑張って、次の年にその芸人ランキングを見ると、またアンガールズが入っていた。

再び同じように傷ついた。

そしてその次の年も入っていた……。いい加減にしてくれよ！　と思ったが、どこにこの怒りをぶつけていいかわからない。

そもそもこんなランキングをやって、得をする人などいない。

好きな芸能人ランキングなら、それにランクインした人の好感度が上がるし、美味しいラーメン屋ランキングなら、上位の店は客が集まる。

でも消えると思う芸人ランキングなんて誰も得をしない。出版社が雑誌のページを少し埋められるくらいだ。出版社の小さな得のために、結構なダメージを芸人は喰らうことになる。

そもそも、出たての芸人の足を引っ張るようなランキングなんてやめたほうがいい。

「芸能人にとってはそれも有名税だから、文句を言うな」と思うかもしれないが、何かやらかして、消えると思う芸人ランキングに入れられるなら、まだ仕方ないと諦められる。でも真面目に頑張っているのに、そういうランキングに入れられるのだから、ムカついてならない。

もし一般の企業に当てはめるとしたら、1年目の新人社員の中で、来年クビになると思う人ランキングを作って会社の壁に張り出すようなものだ。そのランキングに入った新人は潰れてしまうだろう。

日経エンタテインメントの編集部の人は、自分が1年目だった時の気持ちをぜひ考えて欲しいものだ。

僕はそれから数年後、なんとかテレビの世界に生き残っていたある日、テレビ番組の収録で日経エンタテインメントの編集長に会った。

ランキングに入れられたことをずっと根に持っていた僕は、やっと怒りをぶつける時が来たと思い、収録の合間を見計らって編集長に、

「消えると思う芸人ランキングありますよね？　若手の頃よくもアンガールズを毎年のように入れてくれましたね、今でもずっと腹が立ってますからね！」

と言ってみた。すると、

「いや～すみません、あれは僕は担当してないんですよ～」

と言われた。

まぁ、そんな答えが返ってくるだろうと予想していたが、ムカつきは収まらなかった。でも、自分もどう返事をもらえたら許せるのかわからなくて、その場は笑って終わらせた。

そして帰り道、タクシーの中で考えた。

どうしたら許せるだろうか。

せめて、「来年消えると思う芸人ランキング」に入っても次の年消えなかった場合、

その人のところに菓子折りを持って謝りに行ってくれれば許せる。そのリスクを日経エンタテインメント側が負ってくれたらいいのに。今度編集長に会ったらそれを伝えようと思ったのだが、それ以降会っていない。

もやもやした気持ちのまま10年くらい経ったある日、日経エンタテインメントから、ラジオ番組「オールナイトニッポンPODCAST　アンガールズのジャンピン」の取材をさせて欲しいという依頼を受けた。

その取材当日のこと。

記事にならなくても「消えると思う芸人ランキング」に入れられて嫌な思いをしたことを取材でも話そうと思っていると、僕がこういうランキングがおかしいと言っているのをなぜか取材スタッフさんは知っており、取材の冒頭に「消えると思う芸人ランキングでアンガールズさんを入れてしまい申し訳ありません」と謝罪された。

予想だにしなかった展開に驚いていると、

「実は消えると思う芸人ランキングは2年前に廃止にしたんです。読者からも気持ちよく読めないという意見をいただいてやめたんです。あと、その頃の編集長は替わっていまして、今は僕が編集長なんです」

と言われた。

わざわざ編集長自ら謝りに来るなんて、ちゃんとした会社だと思った。

まぁ以前はそういうランキングをやっていたので、ちゃんとした会社になった、というのが正しい表現かもしれない。

でも、長年続いたものを違うと思った瞬間やめるということは簡単ではないので、積年の恨みがスッと晴れた。

僕がランクインしているランキングがもう一つある。

「抱かれたくない男ランキング」だ。ランキングの中でもかなり有名なほうだと思う。

2017年に、僕はそのランキングの1位になった。

日本国内で最も抱かれたくない男になるという感覚は、皆さんわからないだろう。

それまで何年もの間、1位は出川哲朗さんだったのだが、そのいわゆる絶対王者を倒しての1位となった。そこから数年間、今年(2022年)は2位になっているが、常にTOP3には入っている。

お笑い芸人という職業的には、いわゆる「おいしい」ポジションなのかもしれない。確かに、来年消えると思う芸人ランキングよりはトークのネタにできる。

僕も、自分がテレビに出るようになるまではそう思っていたし、お笑い芸人になってランクインするまで、そう思っていた。

しかし、実際自分が1位になってみて、結構ムカつくことに気づいたのだ。

出川さんは今までよく文句を言って来なかったなぁと思った。あの人が愛されるのはそういうところだろう。

でも僕は言わせてもらう。

抱かれたくない男とは、ある意味、世の中で一番接したくない男ということだ。ランキングなんて所詮お遊びだと思われるかもしれないが、そうではない。

実際、ランキングの上位に入るようになってから、テレビ収録のスタジオ観覧の女性から、僕が喋ると悲鳴が出るようになった。

それは関係ないよと言うかもしれないが、ランクインした側から言わせてもらうと、かなり影響があるし、合コンでも信じられないくらいモテない。僕が合コン会場に入った瞬間の女性のがっかりした顔を数え切れないくらい何度も見た。

ラーメン屋と一緒で、世の中の人はランキングに左右されるのだ。

さらにランキングをよく見てみると、自分が1位になった年は、社会的に問題を起こした芸能人が4位や6位にランクインしている。真面目に芸能活動をしている僕が1位で、道徳に反したことをやった芸能人がその下位に入っている。納得がいかな過ぎる。

やらかしタレントを上位にすれば、まだこのランキングにも意味はあるだろう。社会的に問題を起こすとモテなくなるという、世直し的な警鐘にも繋がるからだ。

ただ真面目に生きている僕が上位に入っているのは、我ながらあまりにも不憫だ。

さらにおかしいのが、本当の犯罪者はランキングに入らない。芸能界では毎年と言っていいほど、誰かが罪を犯して捕まる。俳優、ミュージシャン、芸人、タレント、どのジャンルからも犯罪者が出る。

しかし、不倫など、ちょっとやらかした人はランキングに入るけれど、逮捕された人はランクインしないのだ。僕が投票権を持っていたとしたら、絶対に犯罪者に投票する。

一体このランキングに投票している人はどんな人なのか？ ランキングの記事には「読者が選んだ」と書いてあることが多い。そしてその読者たちが田中に投票した理由を読んでみると、「定番でしょ？」とあった。

大した理由もなく、定番で選ぶような人間が投票しているのがよくわかる。

抱かれたくない男という、その一個人にマイナスイメージをつける重要なランキングなのに、なんとなくで投票してしまっている！

抱かれたくないランキングをやるなとは言わないが、こっちも本気で受け止めてやるから、本気で考えて投票しろと思う。

「今年、誰かやらかしたタレントいないかな？」とか「あの人、反社と付き合いあるからな」とか、しっかり考えて投票しないと、ランキング自体の信憑性もなくなる。

わかってもらえないかもしれないけれど、1位になるとしたらしっかりした理由を聞き、ちゃんと納得した上で抱かれたくない男1位になりたいのだ。

ついでに言わせてもらうと、適当にランキングに投票するような人間をこちらは抱きたいとも思っていないのに、「お前には抱かれたくない！」と一方的に拒否されているようなのも腹が立つ。投票している人はそもそも抱きたくなるような人間なのか！ ひどいランキングに入れられているのだから、ブーメランを返させてもらいたい。匿名で投票しやがって、ロクな人間じゃないだろう。

……少し言い過ぎたかもしれないが、そう思って自分のメンタルを保つようにしている。

とにかく、まともな人が投票すれば僕が1位になるはずがない。そう芸人の楽屋で熱弁を振るったら、

「田中くんおかしいよ！ だって田中くんは罪を犯してなくても、テレビでよだれを垂らしたり、女性タレントに告白してフラれたらそのタレントに向けて恨み節を吐いたりしてるんだから、十分ひどい。そんな人と罪を犯したイケメン俳優を比べたら、世の中の女の人は犯罪者のイケメン俳優に抱かれたいでしょ！ 真面目に考えて投票しても、田中くんが1位になる可能性があるよ」

と返され、急に怖くなってきた。

# 薄毛の僕だから

「ハゲっていう言葉は使わないで、薄毛という言葉を使ってください」

番組の打ち合わせで言われた一言である。

ハゲタレントが集まってそれぞれの悩みや努力、面白エピソードを話す番組だった。

「最近のコンプライアンス的に、ハゲと言うとちょっと強い言葉になってしまい、髪の毛が薄い人が不快な思いをすることもあるので、そこは『薄毛』でお願いします」

ハゲはダメなのに薄毛がオッケーな基準もよくわからないのだが……。でも、今はそういう時代なんだ。

僕はカメラの前で頭皮を晒す一方、そんなモヤモヤした気持ちを包み隠して、その番組の収録を終えた。

なぜ、これが理解できないのか？　考えてみたら、そこは少し複雑な感情に起因していた。

自分が薄毛と気づいたのは、たしか20代前半。柳葉敏郎さんのような前髪がツンと上がった髪型にしたいと思ったのだが、どうも自分のおでこが広すぎて柳葉さんに近づかない。柳葉さんの写真と鏡の中の自分を比べてみたら、自分のおでこの範囲が柳葉さんの1・5倍くらいある。初めはただおでこが広いだけだと思っていたけれど、一度気にし始めると、あれ、もしかして、薄毛？　という気持ちになり、さらに時が経つと、年々おでこの範囲がゆっくりと、だが確実に広がっていることに気づく。

これはまずいと思い、櫛で前髪の生え際の辺りをトントンと叩いてみたり、お風呂の中では指の腹を使って頭皮を優しくマッサージしてみたりするのだが、努力は空しく薄毛が進行していくのが目に見えてわかった。抜け毛は増えていき、ある日、自分の部屋の隅に大量の抜け毛が集まり、小さなカツラのようなものができていることもあった。

テレビに出始めて間もない頃、僕は当時キモキャラではなかったため、後退する生え際を必死で隠そうと、前髪だけストレートパーマをかけたりもした。

母はそれに気づいたのか、何も言っていないのに、育毛剤が届くようになった。毎月のように新しい育毛剤を見つけてきては、実家でとれたお米や野菜と一緒に送ってくれる。せっかくなので使ってはみたものの、めざましい効果は現れにくい。母と電

話をすれば、

「あんた、送った育毛剤つけとるん？」

「つけとるよ」

「つけとらんじゃろ？　全然生えとらんが」

「つけとるって言うとるじゃん！　そう簡単に生えるもんじゃないよ。すぐ生えたら、薄毛の人なんておらんじゃろ？」

こんな感じで、薄毛のせいで母と少し喧嘩になることもあった。

そんなある日、母から届いた段ボール箱を開けると、謎の小瓶が入っていた。中には黄色い液体が。

え！　これは……尿？

怖くなり、急いで母に電話した。

「こないだテレビ見とったら、生姜がハゲに効くいうとったけぇ、生姜汁を送ったんよ！　それを毎日頭につけんさい！」

あろうことか、母は市販の育毛剤に見切りをつけ、お手製の育毛剤を僕のところに送ってきたのだった。これって薬機法違反とかにならないのかなぁ、なんて思いつつも、そのまま捨てるのも申し訳ないので、藁をもつかむ思いで使ってみることにした。

しかし、市販の薬品とは違い、適量を頭につけるのが難しい。

市販の育毛剤は液体が一度に沢山出ないように、タバスコの瓶の出口よりも、もっと細い出口になっている。上から頭皮にトントンと軽く当て液体を出し、毛根に浸透させるのだが、母の手作り育毛剤は、ただの小瓶（元は何かの調味料が入っていた瓶）に生姜汁を入れているだけなので、注ぎ口が大きく、量の調整が困難である。

恐る恐る頭の上で瓶を傾けていくと、ドバッと生姜汁が垂れてしまった。その汁が頭皮を伝っておでこに流れてきて、そのまま目に入った。「痛っ！」目がヒリヒリして、うわっと苦しんだのも束の間、今度は目を通過した汁がそのまま垂れて口に入り、生姜の美味しい味がした。

痛いと美味しいが同時に襲ってくるという感覚を味わったのを覚えている。

当然ながらそんなもので髪が生えてくることはなく、母は最終的に自分の後ろ髪を伸ばし始め、

「あんたのカツラを作るために髪を伸ばしとるけぇ」

と連絡してきた。それは流石に断ったが、家族の総力を挙げた薄毛との闘いになっていった。

しかし、芸人の世界はそんな家族の闘いを待ってくれるわけもなく、そのうち、テレビに出た時も他の芸人に薄毛をいじられるようになる。最初は恥ずかしくて嫌だっ

たが、薄毛がウケるとわかると、今まで薄毛を隠してきた自分は一体なんだったんだろうというくらい気持ちが楽になった。時には「薄毛の方がいいじゃん」とまで思うようになる。

プールから上がってきたらウケる。風が吹いておでこが出れば、これまたウケる。巨大扇風機に向かっていけば、もう自分でもゾーンに入っていると思うくらい面白い映像になったりする。芸人にとっては毛を支払って笑いを購入しているような状態になれるのだ。

これではハゲを薄毛と言い換える冒頭の言葉を理解できるわけがないし、それどころか、薄毛という言葉よりもハゲという響きの方が面白い！　ハゲって言ってくれよ！　と真逆の感情になってしまう。

だが冷静になってみれば薄毛はデリケートな問題であり、普通の社会人として生活するなら、触れるのには気をつけないといけない。芸人以外では、自分の意図しない笑いの対象とされることで傷つく人のほうが多いし、僕が初めそうであったように、薄毛を恥ずかしがり、隠そうとしている人が多いからだ。

僕一人だけでも、先ほど書いた薄毛というものに対する歴史があるように、みんなそれぞれ歩んできた薄毛人生の中で作り上げられた、繊細なガラス細工のような感情を持っているのだ。

だから、ロケ先で薄毛の方を見たときも基本的にいじるようなことはしない。けれども「もし、いじることができたなら……」と考えてしまうことはある。薄毛と笑いのつながりを誰よりも知っているから。

じゃあどうすればいいのか？　この人はいじってもいい、この人はいじってはいけない、を素早く判断する必要がある。

いじってはダメな人の代表は、植毛をして必死に隠そうとしている人やカツラを被っている人だ。

薄毛の人の中で一番繊細なタイプだろう。一般人であろうが芸能人であろうが、このタイプの人はいじってはいけない。

芸能界にも、「あの人はカツラだから」という噂は回ってくる。その人と同じ番組で仕事をするときは、目線すら髪の毛の辺りに行かないように気をつける。女性が自分の胸元を見られたらわかるように、薄毛の人も頭を見られたら瞬時に気づくからだ。

この時困るのが、MCの人が良かれと思って、僕に薄毛ネタを振ってくる場合だ。

僕はいつもの通り、MCの人にいじられたら、「誰がハゲだよ！」と勢いよく返して笑いを取ろうとするが、同じスタジオにカツラの人がいるのに、薄毛を笑いにして大丈夫かなぁ……と不安になる。その人に話題が行かないように、なるべく簡潔に薄毛ネタを終わらせないと！　と妙な緊張感の中で喋ることが何度もあった。

ＭＣの人には、いじってはいけない人がいる時は、僕に薄毛ネタを振らないでほしいと言っておきたい。

では、いじってもいい場合の許容ラインはどこなのか？

これが難しくて、人によって本当に気持ちがまちまちなのである。それは薄毛の僕だから気づけるものでもある。

「誰に何を言われてもいい人」

「身近にいる人には薄毛いじりをされてもいいけれど、あまり関係性がない人に薄毛をいじられると嫌な人」

「前はいじられても良かったけれど、最近はダメな人」

「ハゲの人に言われるならいいけれど、フサフサの人に言われるのはダメな人」

「ハゲいじりがウケていればいいけれど、滑ったらダメな人」

色んな人に出会ってきた。

かなり多くのタイプがあるので、迂闊に薄毛いじりをするのは、やはり気をつけなければいけない。ラインを確実に見極めながら薄毛を笑いに変えるのが僕の仕事だ。

ちなみに僕はテレビでハゲをいじられてもいいと散々言ってきたけれど、前頭部のハゲをいじられるのはよくても後頭部のハゲはいじられたくない。

どうですか？　薄毛の人の感情は複雑で繊細なガラス細工でしょ？

## 相方か友達か

山根とコンビを組んで23年。

6年前、とある番組の収録で山根にこんなことを言われた。

「田中と友達に戻りたい。友達に戻ってまた一緒に旅行とか行きたい」

本来の学年は早生まれの僕の方が山根より一つ上なのだが、僕が一浪して大学に入ったので同学年。大学時代の一番の友達が山根だった。だが、芸人になって、友達が相方というビジネスパートナーのような関係になり、相方の仕事に対する姿勢に腹を立て、友達の頃にしなかった喧嘩をしたりするようになった。

山根がカリッカリッと大きな音を立てて漬け物を食べるのが無性に気になり、山根と同じようなファッションになった時は服を脱いでしまいたくなるほど。しまいには一緒の部屋にいるだけでもイラつくようになってしまった。

初めて会った時の衝撃は今でも忘れられない。

山根と出会ったのは大学のサークルが主催する、新入生歓迎バーベキューだった。山根とは大学が違うのだが、このサークルは複数の大学の学生が集まって構成されていて、50人くらいの規模のバーベキューだった。

サークルのイベントに心が躍る気持ちで参加したものの、高校生までずっと内気だった僕は、自分に自信がない。女子と上手く喋ることができず、せっかく参加しているのに、少し食べた後、離れたところにあった大きな石の上に腰を下ろした。何を喋っていいか思いつかないし、緊張して息苦しくなる。息継ぎするかのように、一度輪の中から離れた。

遠くから見ると会場全体がよく見えた。奥の方のバーベキュー台をボーッと眺めていた時、その後ろから色白の細長い人がスッと立ち上がった。

「あれは誰だ？　キモい！」

今まで見てきた人の中で一番細いし、白い。白アスパラのような姿に、目を奪われた。それが山根だったのだ。

その日、僕は山根に話しかけることはなかったが、遠くから山根を見て、なんだかホッとした気持ちになった。「こんな奴も参加しているなら、まぁいいか！」と。

後にわかることだが、その日山根も僕を見て「なんだあの細い人は！　今まで見た中で一番気持ち悪い」と思っていたらしい。

それから、山根と同じサークルに入ることになるのだが、同族嫌悪なのか、同学年なのに1年間ほとんど喋らなかった。

なぜなら山根はサークルに来たり来なかったりで、たまに来たかと思えば、ヒステリックグラマーの真っ赤なジャージを気こなし、サークルのミーティングに真面目に参加して今後サークルがどういう活動をするか会議をしている僕たちのグループを、冷めた目で見ているような雰囲気を醸し出していたからだ。

そんなスタンスだったから、僕からも特に話しかけなかった。

1年が過ぎた頃、サークルのミーティングの前にいきなり山根から話しかけられた。

「これ、面白いから読んでみて」

急に話しかけられて驚いたけれど、僕のことを冷めて見ていそうな人に話しかけられたことが、なんだか妙に嬉しかったのを覚えている。

渡されたのは、「GOMES」。当時PARCOなどで配布されていた知る人ぞ知るフリーペーパーで、しりあがり寿さんの作品や、タナカカツキさん、天久聖一さんのバカドリルなど、ファッションからギャグ漫画まで色々な作品がタダで読めた。ナンセンス、サブカル、シュール。そういったものにほとんど触れてこなかった僕はその面白さにハマり、山根と会うたび、それについて喋るようになった。

山根がそれを僕に渡してきたのも「この面白さが田中ならわかるだろう」という山根なりの考えがあったらしい。

それから、僕は山根という人間の面白さにどんどん気づいていく。

サークルの先輩が面白いことを言おうとしているのを見て、「あの先輩は全然面白くない。あんなの誰でも言える」と陰で言い、「そんなことを言って大丈夫なのか?」という僕の心配をよそに、いつも飄々(ひょうひょう)としていた。

ある時は山根がサークルの事務所のトイレにうんちがついているのを見つけて、事務所のホワイトボードにふざけて「トイレにうんちがついてるよ!」と落書きをした。山根が帰ったあと、怖い先輩がそれを見つけ、「自分で見つけたなら自分で掃除しろよ!」と怒り、鬼の形相でうんちを掃除している姿を見て僕は震えていた。

後日サークルのミーティングでうんちを掃除しない1年生がいるという議題にかけられて山根が謝っている姿に、笑いを堪えきれなかった。大学生が50人も集まって、「うんこを掃除しない山根について」真剣に話し合いがされたからだ。

山根の周りで起こるすべてのことが、なんだかシュールで面白かった。

そんな山根とほとんど毎週遊ぶようになり、お互いに東野幸治さんが好きなことがわかった。毎回会うたびに、「昨日の東野さん見た?」「東野さんのあの話面白かったよね?」などと話しているうちに、自分たちも面白くなったような錯覚に陥っていった。そして、広島の電器屋さんで毎月開催されている、誰でも参加できるお笑いライブに出てみようということになったのだ。

その時はお笑い芸人になりたいとも思っていなかったし、単なる「思い出作り」という気持ちだったが、それ以上に、山根と一緒に出ればなんだかウケそうな気がしていた。

朝9時にネタを持っていけば誰でも12時からのライブに出られる、ハードルの低い参加条件なのに、1組終わるごとに、吉本興業の芸人さんや構成作家さんが審査員としてステージ上でネタについてコメントをしてくれる。その審査を楽しむお客さんもいるし、最後にその審査員をしていたプロの芸人さんのネタを無料で見ることもできるので、人気のライブだった。

その日、朝8時に集まって人生初のネタ合わせをした。

朝9時からネタを観てもらわないといけないのに、朝8時に初めてネタ合わせをするというお笑いを舐めている二人。

ネタは「会社の就職面接」の設定で、僕が面接官で山根が就活生だった。就活生なのに、山根が間違えて紫色のスーツを着てきてしまったというボケのネタだったけれど、紫のスーツを二人とも持っていなかったので、山根がセリフと動きで「紫のスーツを着てきちゃいました〜」と言うしかない。今ならわかるのだが、このネタをやるなら、紫のスーツは絶対用意しないといけないが、当時はそのことすらわからなかった僕たちは、全くウケないままステージを降りた。帰り道に「なんでこのネタの面白さがわからないんだ！」と半ギレ気味に言い合ったのが懐かしい。

でも出番の終わり、ステージ上で作家の本多さんという方が「君たちは面白くはなかったけどね、もし吉本興業に来たら、とりあえず入れるね」と冗談混じりに言った。

その冗談が、当時の僕には本気で言ってくれているように聞こえて、その日から、僕も山根もお笑い芸人になることを夢見はじめ、普段の会話もそんな話をするようになる。

「俺たちならテレビに出ている芸人より面白いだろ！」など、今考えると、どの口が言ってるんだというような会話をしていた。でも、そんな、どうかしている感覚でもないとお笑い芸人を目指すなんてできないとも思う。

1999年4月、僕はお笑い芸人になるために上京し、それから1ヶ月後、山根も上京した。

この時同じサークルのメンバーだった、チビの荒木君とおデブの高本君もお笑い芸人になるために上京した。

山根とコンビを組んだら二人とも細長いコンビになってしまうので、それはまずいと思い、僕はチビの荒木君、山根はおデブの高本君とコンビを組んだ。お笑いのセオリーとしてチビとノッポ、デブとガリというように印象の違うもの同士でコンビを組むのが一般的だったのだ。

ただ現実は厳しく、一度もステージに立てないままそれぞれのコンビが1年程で解散して、僕はピンで芸人を目指していた。

僕の人生で一番ヤバい時期はこの時。学歴も生かせない。芸人としても全く面白くない。先の人生の兆しすら見えてこない。一方山根は、芸人を半ば諦めかけ、広島に一度戻っていた。それを聞いて僕も次は自分が帰ることになるかもと思っていた。ただ山根が実家のこたつで寝ていたら、精神的におかしくなっていたのか、おねしょをしてしまい、大人になっておねしょをしてしまった自分が怖くなって、もう一度芸人になるために再上京してきた。山根も時を同じくしてヤバい時期を過ごしていたんだろう。

山根がまた戻ってきたらしいという噂を聞いた日、ふと作家の本多さんの言葉を思い出した。

「君たちは面白くはなかったけどね、もし吉本興業に来たら、とりあえず入れるね」

そもそも、山根とコンビを組んでいた時に言われた言葉で上京したのに、まだ東京で山根と何もやっていない。それぞれ解散し、今なら声をかければコンビを組めるかな？　そう考えた僕は次の休日、おねしょの恐怖で再上京してきた山根の家に遊びに行った。

行ったはいいけれどなかなか話を切り出せず、ゲームをしていた。片思いだったらどうしようという、なんとも言えない青春の恋のような空気に耐えきれず、もうその日は帰ろうと思ったが、玄関まで歩いていく廊下で踏みとどまった。

ここで言わないと、なんだか後悔すると思ったからだと思う。

振り向いて、後ろをついてきていた山根に、「来週お笑いのネタ見せがあるんじゃけど、一緒にやってみん？」と言ってみた。

山根は「うん、ええよ」と言った。

その後山根がごちゃごちゃ何か言っていたけれど、嬉しくてあまり覚えていない。なぜかわからないけれど、山根となら絶対受かるような気がしたからだ。あの電器屋さんのお笑いライブに出演する前と同じ気持ちだった。

事実、前のコンビでは色々なお笑い事務所にネタを見せに1年以上通って、全く反応がなかったのに、山根とネタを見せに行ったら、ネタをやる前から作家さんたちから次々と質問攻めにあった。

デブとガリか、チビとノッポのコンビというお笑いのセオリーの中、なかなかいないガリガリの細長い二人が一緒に来たことに、事務所の人が衝撃を受けたのだ。

「え？　君たちどこで出会ったの？」

「大学のサークルです」

「ガハハハ！　君たちが大学のサークル？　面白すぎるよ！」

東京に来て初めてウケた。

その時自分たちが初めて「大学のサークル」という青春を謳歌する華やかなイメージとかけ離れた存在だと気づく。客観的に自分たちを見る目を持っていなかったのだ。

手ごたえを感じた僕はすぐに、自分たちは細くてナヨナヨしているから「～ガールズ」というコンビ名はどうかな？　と山根に提案した。すると、

「まあでも俺たちは男だから、否定のＵＮ（アン）をつけよう」

２０００年9月にＵＮガールズが結成された。

「ユーエヌガールズさん？」と呼ばれることがあったので、しばらくして「アンガールズ」という名前に改めた。

あれから23年、無事お笑いでご飯を食べられるようになり、二人とも歳をとった。

最近は漬け物を食べるカリカリ音に、何も思わない。

冬は毎日、山根と同じ色のジャンパーを着て歩いていたりする。

夏の山根はヒステリックグラマーの服ではなくて、ネルシャツにジーパンの完全なるおじさんスタイル。

二人ともハゲて、楽屋で隣り合って座っている。

細くてナヨナヨしている形はそのままに、見てくれは変わってしまったけれど、一緒にやっているラジオで山根が誰かの悪口を言っているのを聞くと、大学生の頃、サークルの事務所で夜中まで二人で喋っていた頃に戻っている。

ビジネスパートナーからなんだか徐々に友達に戻っている気がする。

ただ一緒に旅行に行くのはまだ恥ずかしい。あと数年したら、行ってもいいと思えるかな。

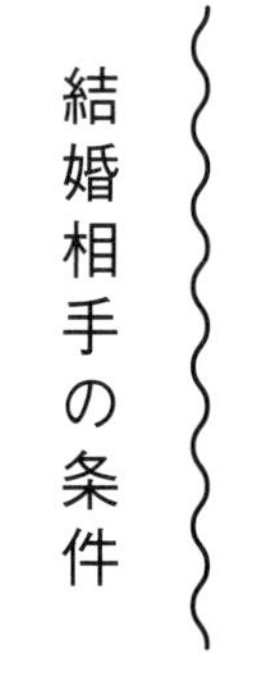

# 結婚相手の条件

「黒髪」「清楚」「人を見た目で判断しない」「僕を1回もキモいと思ったことがない」「僕に似ている虫を殺さない」「港区で遊んでない」「落ち着いていてあまり怒らない」……。付き合う女性の条件として、僕が挙げていた項目だ。

わがまますぎるだろ！　と思われるかもしれないが、僕がこんな歪んだ考えを持つ〝モンスター〟になったのには理由がある。

歪みの始まりは、中学生の頃まで遡る。

中学2年の体育祭で、僕は徒競走でド派手に転倒し、肘をド派手に擦りむき、ド派手な流血をした。水で洗い流すだけではさすがに痛々しく、救護テントに一人で歩いて行った。

「あの、擦りむいたんですけど」

そこにいた3年生の女子二人は僕を見るなり、すぐに目を合わせ、顔を顰めながら不機嫌そうに、「○○ちゃんがやって」「嫌よ、なんで私が！　××ちゃんがやってよ」と互いに押し付け合い始めた。その間も肘から血はじんわりと流れ続けている。

「ああ、じゃあ自分でやります」と救急箱に手を伸ばした。

「あ、ごめん、やる！　やる！」

「いや大丈夫です！」

僕は箱から絆創膏を取り出し自分で肘に貼った。

田舎暮らしの純粋で思春期真っ只中の僕は、それまで女子はすごく清純で、天使のような存在だと思っていた。だからこそ、女子があんなことをするんだ……と幻滅し、大いにショックを受けた。

しかも、「もし僕がイケメンだったら、あんな対応はしなかったんだろう」と恨みに近い感情が生まれてしまう。

二つ目は高校生の時、僕が好きだった女の子が僕をいじめていたヤンキーと付き合ったことだ。人をいじめるような人間に彼女が……。この時も、ヤンキーとその女の子に対して、恨みのような感情が生まれる。

三つ目は大学生の時。当時広島に住んでいて、電車に乗っていた時のことだ。平日の夕方だったが、田舎なので乗客は僕を含めても1両に4人くらい。みんな散らばって座っていて、僕は本を読んでいた。

ある駅で女子高生のグループが乗ってきた。確か5人くらいだったと思う。

「ねえねえ、あそこに気持ち悪い人がいるよ」

「え？　ほんとだ、クスクスクス」

女子高生の話し声が気になって目を向けると、彼女たちはなんと僕の方を見て言っていた。全く見ず知らずの人に、しかもまだキモキャラ芸人でもなく、芸能人になろうとすら思ってもいない普通の大学生の僕に、そんなひどいことを言う人がいるなんて信じられないと思うが、ここから起きることは一切誇張をしていない。

「ねえねえ、じゃあジャンケンで負けた人が、あの人にタッチしてくるゲームをやろうよ」

「え～！　やだよ！」

「いいじゃん、やろうよ！」

何が起こっているのか、一瞬わからなかった。でも、彼女たちは僕に触れることを罰ゲームの罰にしているのだとだんだんわかった。

そこからはもう地獄絵図だ。

ジャンケンで負けた子が、僕にタッチしにきて「うわ〜〜〜」と叫んで帰っていく。どう抵抗していいかわからず、3人くらいタッチしにきたところで、女子高生を睨みつけたら、彼女たちはゲームをやめた。

先ほど書いたように、百歩譲って僕がテレビでキモキャラをやっていたならわかる。でもこれは、普通の大学生の僕に行われた、まさに蛮行だ。僕の女性に対する恨みはさらに増していった。


四つ目の体験は、芸人になるために上京し、まだテレビにも全く出ていない頃のことだ。

先輩に合コンに誘われ、僕はアルバイト終わりに、少し遅れて合コンが行われているカラオケに合流した。

部屋のドアを開けると、女子グループのリーダーが衝撃の一言を言う。

「え〜ブサイクじゃん！　か〜え〜れ！　か〜え〜れ！」

手拍子しながら僕に向けて急に「帰れコール」を始めた。他の女子もそれに同調し、手拍子とコールを始める。

ブチギレてもいい場面だけれど、先輩の合コンの空気を悪くしてはいけない。

「いやいや、来たばっかりなんだからさ、居させてよ〜」

「……じゃあ、このガム噛んだら居ていいよ」

女子のリーダーが、自分の噛んでいたガムを口から出し、目の前にあった灰皿の縁にくっつけた。

「こんなゴミクズ女の言うことをなんで聞かなきゃいけないんだよ！」と言えるはずもなく、僕は気づいたらガムを噛んでいた。

なんとか居させてもらった合コンで、ただただ先輩がモテるのを横目で見ながら、虚しい笑顔をつくって座っていた。自分自身もゴミクズになったような気持ちだった。

「女性というのは、下劣な存在である」

憎悪にも似た捻じ曲がった考えの田中卓志が、この頃完成したと思う。そしてできあがった付き合う女性の条件が、初めに書いた内容だ。

この条件に合わない女性とはもう接触するのを自分から避けよう！　幸せな結婚をするにはそれしかないと思っていたけれど、他の章でも書いているように、五反田ティーパーティー事件に巻き込まれ、ますます恨みを募らせ、それがキモキャラ芸人としてのガソリンとなり、わざとキモい言動をし、抱かれたくない芸人1位になり、気がついたら40代になっていた。

いつか結婚をしたいと思っていたのに、女性の多くに嫌われる、ただのモンスターになっていた。周りの芸人は皆、結婚をし、仕事が終わって一緒に飲みに行っていた芸人仲間も誘いづらくなった。

僕は、家で一人ソファに座る悲しきモンスターになった。

ソファに座りながら「恐らくイケメンはあんな女性に遭遇し、あんな目に遭うことはないんだろうな〜クソが」と、なぜかイケメンに対しても恨みを感じるようになってしまっていた。

女性とご飯に行くことがあっても、まるで「敵」に会いに行くような感覚で、テレビの収録前に楽屋に挨拶に来たアイドルの女の子に対しても敵意をもつようになった。

「どうせ俺のことキモいって言ってくるんだろ？　冗談じゃなくて本気で言ってくるに違いない」

日本中の女性を敵対視する――それが僕の仕事の一部でもあるから、結婚を半ば諦めなきゃいけないとも思い始めるようになった。

ちょうどその頃、出川哲朗さんと飲んだ時にこんなことを言われた。

「田中くん、結婚した方がいいぞ。俺は松村邦洋さんに言われたんだけど、俺たちみたいな体を張るタイプの芸人は年とって結婚していないと、哀愁が漂いすぎていまいち笑えなくなる！　この人は家庭があるんだなってわかると笑いやすくなる。だから俺はその頃付き合っていた子と結婚したんだ」

同じように「抱かれたくない芸人1位」になったことがある先輩に言われたこの言葉が、女性に対して敵意みたいなものを持っていた僕の歪んだ心に突き刺さり、考えを大きく変えるきっかけとなった。

このまま行くと本当に誰も笑ってくれない存在になる。それは嫌だ。僕は高校時代いじめに遭って、それを笑いが救ってくれた。みんなが笑ってくれなくなったらまたあの頃の悲しい自分に戻ってしまうような気持ちになる。

そもそも、みんなにウケたいから芸人になったのに女性に敵意を持ってる時点で、どこかでおかしくなってしまっている。女性にもウケたいはずなのに。

確かに女性に酷い目に遭ってきたけど、それは一部の女性にされた仕打ちである。キモキャラ芸人という仕事で会う女性タレントからの酷い言葉や、番組観覧の女性から受ける「キモい！」という言葉は、ある意味仕事的に言ってくれる悪口だったりするのに、なんだかいつの間にか仕事でされた酷い仕打ちと、プライベートでされた酷い仕打ちが混同していって、全ての女性が僕を嫌っているような感覚になっていた。

「女性は酷いことをしてくる存在」、そんな考えの人間がまずモテる訳がない。

こんな簡単なことに気づくのに数年を要したが、遅ればせながら自分を変えることにした。

まず女性は敵だという思想が一番ヤバすぎるから無くす。急に思想を修正しようとしてもなかなか変わらないけれど、努力はする。

そしてそんな思想を持っているのに付き合うための条件が多すぎる。

この2点を変えないとまず相手すら見つからない。

僕は付き合う条件として「あまり怒らない人」一つだけに絞った。それは、女性が怒る姿を見るのがあまり好きじゃないから、ただそれだけの理由からだったけど僕が一番大事にしたい条件だった。

一つだけに絞ってから「やっぱり港区女子は嫌だなぁ」と思ったりもしたが、自分が条件を一つにしたと思い込むことで変化があった。女性へのチェックポイントが減ったことで女性への考えも柔らかくなり、なぜかたくさんあった条件と共に、敵意も消えていった。

それがきっかけだったのかもしれないが、2021年12月に彼女ができた。

条件通り、あまり怒らない人だったけれど、そんなことよりも、彼女を会話で楽しませることがすごく楽しくて、結婚を考えるようになった。でも、なかなか結婚に踏み切るタイミングがわからない。

そんなある日、バカリズムさんと仕事が一緒になった。

「田中さん、今の彼女さんと結婚しないんですか？」

「したいと思ってはいるんですけど、タイミングに悩んでるんです」

「だったら、早くした方がいいですよ、僕はもっと早く結婚すればよかったと思ったんです。別にいつ結婚しても同じですし、結婚してみたら、あっこんなもんかっていうくらいのことなのに、なんのタイミングをはかっていたんだと、後悔したんです」

バカリズムさんに言われたら、それが全て正解のような気持ちになるのはなぜだろう。僕は２０２２年11月のその日、プロポーズに向けて動き出した。


まず、ちゃんとしたプロポーズをするかどうか？　そこから考えることにした。

ネットで色々と調べてみると、特にしていない人も結構な割合でいる。以前ロケ先で、あるご夫婦に「どんなプロポーズだったんですか？」と聞いてみた。

「夫から特にプロポーズされなかったんですよ〜！　ひどいでしょ？」

「え？　したよ」

「してないよ、いつ？」

「……（無言で申し訳なさそうにうつむく）」

夫はプロポーズしたつもりなのに、妻に何にも覚えてもらっていない悲しさ。妻にとっては、された記憶が全くないほど、まるで白湯のようなプロポーズだったんだろう。

あの何とも言えない微妙な空気が漂う空間のことを思い出し、わかりやすくはっきりとしたプロポーズをしようと決めた。指輪を用意して、夜景の綺麗な場所でバッチリプロポーズを決めよう。

次はネットで婚約指輪を検索する。婚約指輪人気ランキングなるものが検索でヒットしたので、見てみると、高級ブランドから、僕があまり知らない少しマニアックなブランドまでずらりと出てきて、どれにしていいかわからない。値段も数十万から、上は600万とか1000万超えのものも出てきて、どのくらいがいいのか、全くわからない。

しかも、そこには、「この芸能人はこの指輪を買いました」「あの女優がつけてました！」「離婚した芸能人夫婦の指輪はコレ！」なんてことまで書いてある。数百万も出したのにそういう芸能人と指輪が被るのかよ！　と思うと、大損するような気持ちになり、一度パソコンを閉じてベッドに入って考えた。

彼女に以前ブランドもののネックレスをプレゼントしたことがあった。

「え？　これ高いんじゃない？」

喜びよりも、少し引いているような顔をしていたのを覚えている。

「半額シールが貼ってあるお惣菜ゲット！　ラッキー！」と携帯で写真を送ってくるような彼女だ。そんな人が高級ブランドの指輪を貰って、喜ぶだろうか？

次の休みの日、僕はお世話になったことがある彫金師さんのところに向かった。婚約指輪はブランドものを選ぶ女性が多いらしいが、やっぱり一点モノの自分の好きなデザインが施された指輪を作ってプレゼントしたいと思ったのだ。

それに、オリジナルデザインだけれどブランドものではないので、そこまで高くはない。値段を考慮して婚約指輪のお店を選ぶというのは、ちょっとせこいような気もするけれど、僕なりの彼女への思いやりだった。

お店に着くと「え？　田中さん？」と彫金師さんが驚いた。

「はい！　以前はお世話になりました。実はプロポーズしたい人ができまして、婚約指輪を作りたいんです」

「え？　本当ですか？　ありがとうございます」

早速オーダーする形を決めていく。

「他の人と被ったりするのが嫌なんです」

「そうですね、うちに作りにくる方は大体そういう方が多いですね」

「どういうデザインが人気なんですか？」

「まぁ本当にみなさん好みが違うので……彼女さんはどういうイメージの方ですか？」

いざ聞かれると、どういう風に表現したらいいのかわからない。

「うーん、真面目な人ですかねぇ」

「じゃあシンプルなのはどうですか？　こういう感じですかね」

見ると本当にシンプルで、これだとあまりオーダーした意味がないような気がした。

お店の中にあるサンプルを色々見て回っているうちに、一つ目に止まったのが、クネクネと曲がったデザインの指輪。自然の植物のようにも見えるし、アンガールズの細くてクネクネした感じにも見える。

「この感じで作ることはできますか？」

「はい、曲がり方はすべて作りながら考えていくので、他とも被ることは絶対にないです」

そのサンプルの指輪に、仮でダイヤモンドを置いてみると、植物と石のようにも見える、自然の中から切り出したような指輪になった。

僕はそのイメージで指輪を作ってもらうことに決めて、お店を後にした。

それから何度か彫金師さんと連絡を取り合い、指輪が完成した時は12月23日になっていた。

指輪が家に届いて箱を開けてみると、本当に理想の指輪がそこにあった。自分がプロポーズをするんだという気持ちがグッと上がる。

でもこれは自分の理想であって、彼女が気に入るかどうかはわからない。本当はブランドものが欲しいかもしれない。自分のオーダーした指輪を、色々な角度から凝視していると、不安と期待が交互に押し寄せた。

気づいたらリビングで立ち上がり、ケースをパカッと開け前に差し出す動きをリハーサルしていた。膝をついた方がいいか？　いやそこまでやったら何だか相手も恐縮するんじゃないか？　大体、外でプロポーズする時片膝をついたら、周りの人に「あいつプロポーズしてる！」ってバレバレじゃん！　ここは立ったままサッと差し出し、パカッと開けよう。なかなか勢いよく開かないな、手首を早く動かさないとヌルッと開いてしまう。

ヌルッとパカッだと、大きな違いがある。ひたすら練習を重ねた。

ある程度うまくできるようになったら、次はポケットから出すところからやる。うん、いい感じだ。モンスター男が必死にプロポーズのトレーニングをし、気がついたら数時間が経っていた。

プロポーズは２０２３年の元日。

生放送の仕事を終えて、彼女との待ち合わせ場所に急いだ。本当は車で行こうとしていたけれど、車のバッテリーが上がっていた。まさかのミスだが、落ち着いて徒歩に切り替える。彼女にプロポーズされそうと気づかれてしまっては格好が悪い。

「クリスマスのイルミネーションとか残ってるかもしれないから、銀座とかフラフラしよう」

本当はブラブラなのだが、緊張からフラフラと言ってしまう。散歩に誘い、その途中で急遽予定を変更したかのように装って言った。

「久々に夜景でも見に行かない？　晴海埠頭に行こうよ」

プロポーズは二人の思い出の場所などが良いと、ネットに書いてあった。ちょうど1年前、晴海埠頭にある客船ターミナルのデッキで夜景を見ながら彼女に告白をした、二人の思い出の場所なのだ。

夜景が綺麗になる時間を逆算してそこに向かう。ここまで完璧な準備をしてきたから、あとはその場所に行くだけだ。ポケットの中に指輪もしっかりと入っている。

寒いフリをしてポケットに手を入れて、指輪のケースの上下を手探りで確認する。意外と上下がわかりにくい。思いのほかゴソゴソしてしまった。

トラブルこそあったが、時間通りその場所に着いた時、愕然とした。

「あれ!?　客船ターミナルが……無い!!」

僕が告白してから1年の間に、客船ターミナルが閉鎖され、解体が始まっており、その場所は工事現場の金網で隙間なくぐるりと囲われていた。僕は金網を手で摑んでどこからか入れないか、探ってみたけれど、どうやら無理そうだ。

「壊されたんだね～」

彼女は別にプロポーズされると思っていないから、シンプルに受け止めている。けれど僕はそうはいかない。

頭の中が混乱して真冬なのにダウンの下で発汗が止まらなくなり、一旦ベンチに座って頭を冷やした。代案を考えるけれど、何にも思いつかない。今からネットで調べるか？　でも今から場所を変えたら、夕景から夜景になる一番いい時間を逃すことになる。いや、この場所自体には思い出はあるのだから、ここでいいんじゃないか？

そう思った僕は、結局工事現場の金網の横にある防波堤に彼女を呼び寄せた。

「ちょっといいかな？」

「何？」

いざプロポーズをするとなると、緊張が走り言葉が上手く出てこない。

「これ！」

言葉が出ないので、とりあえず指輪を出して察してもらう。

「え？　指輪？　どうしたの？」

「あの……僕は抱かれたくない芸能人1位になるような不細工ですけど、他を頑張りますので結婚してください！」

ここまでは良かった。

「え！　ありがとう」

喜んでくれたと思い、僕は箱から指輪を取り出し、彼女の薬指にねじこんだ。

「え!!　ちょっと待って！　まだ返事してないんだけど！」

「え？　あ！　あ！　そうか……あれ……」

このあと「ジャンガジャンガ」しかない流れになったのだが、そんなことをする余裕なんてなく、「え？　じゃあ、返事していいよ！」とテンパり過ぎて彼女に要求する始末。

彼女は笑って「よろしくお願いします」と言ってくれたけれど、2ヶ月計画してきたプロポーズは結局グダグダに終わった。

でも、記憶に残るプロポーズという意味では、成功した。

数年後「プロポーズ？　されなかったんです～ひどいでしょ？」と言われることはないだろう。

結婚して少し経って思うことは、唯一僕が挙げていた「怒らない人」という条件のこと。結婚して早速色々と妻に怒られた。ただその時感じたのは怒られても不思議と嫌じゃなかったということだ。

あれだけ条件を挙げて、そこから泣く泣く一つに絞るほどこだわっていたのに、唯一の条件すらなくなってしまった。

結婚相手への条件なんて挙げても意味がないことに、結婚をして気付かされた。

沢山の女性から酷い目に遭っていくうちに、女性への憎悪を抱え、女性への厳しい条件を掲げていたモンスターが、やっと「心だけは」人間になったような気がする。

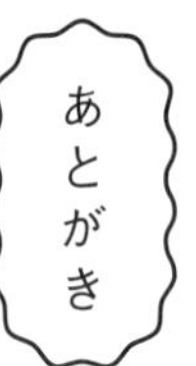


これまでの連載で、母とのエピソードをいくつか書いた。

母は本が好きで、もしこの連載が書籍化されたら母にも読んでもらいたいと思っていたのだが、２０２１年5月に母は癌で他界し、残念ながらその夢は叶えられなかった。

お笑い芸人になった後も、母は、

「あんたのネタの意味が全然わからない、ジャンジャカジャンジャンジャンって何が面白いん？」

「もっとしっかり喋りんさい、全然面白くない」

と、ほとんど褒めることはなかったので、恐らくこの本を渡せたとしても「あんたのエッセイはつまらんね」と言われたと思うが、今となっては、その母の厳しさにもう一度触れてみたいような気がしている。

あるテレビ番組で家族全員がエンディングノートを書く企画をやったことがあった。もし自分に何かあったときに、どうして欲しいか？　家族へのメッセージを残しておくノートで、質問項目に答えていくだけでノートが完成する。「葬式はどうして欲しい？」「遺産はどうして欲しい？」という堅い質問もあれば、「好きな食べ物は？」「好きなアーティストは？」なんて質問もある。

母が亡くなった後、そのノートを開いてみると「生まれ変わったら何になりたい？」という質問があった。

母の答えは「鳥になりたい」だった。理由に「空を自由に飛んでみたいから」と書かれていた。

本文にも書いてある通り、僕の実家は山の中にある一軒家で自然に囲まれた環境にある。そんな環境で育ったせいか母は生き物が大好きで、犬を3匹飼って、メダカや金魚、庭先にいる蛇ですら可愛がっていて、その蛇に時々買ってきた鶏の卵を与えていた。その蛇の抜け殻が毎年大きくなることに大喜びもしていた。

特にすごかったのが、ツバメだ。

ツバメは普通、家の軒下に巣を作るのだが、山の中にある一軒家ではすぐに蛇が巣に上がってきて、卵を食べられてしまう。ある日ツバメが窓から入ってきて、ダイニングルームに巣を作り始めた。

食事をとる空間に巣を作られるのはさすがに……と家族の皆が思ったが、母は僕たちの反対を押し切り、ツバメに巣を作らせてあげようと、新聞でダイニングの壁を覆いフンが壁につかないようにし、夜になったら蛇が入ってこないよう窓を閉め、早朝に起きてツバメが出て行けるように窓を開け、食事中も頭の上をツバメがビュンビュン飛んでフンが頭の上に落ちることもあったので、家族全員帽子を被って食事をするというシュールな状況となった。

それがツバメの間で評判が良かったのか、毎年ダイニングに営巣（えいそう）するようになり、多い時は、トイレなどにも巣を作り、家の中に六つもツバメの巣があったので、家中をまるでヒッチコック映画のように10羽以上のツバメがバサバサと飛び回っていた。

ツバメ以外にも野鳥が好きで、自分で巣箱を作っていた。僕が40歳のとき実家に帰ると、

「あんた背が高いんじゃやけぇこの巣箱を木に登って針金でつけてよ！」

と頼まれた。僕は小学生以来の木登りをしているのに、

「もっと高いところに取り付けて！　まだ低い！　もっと！」

と、スパルタ式にあおられ冷や汗をかきながら高い場所に巣箱を設置したのを覚えている。

母は今頃、生まれ変わって鳥になり、空を飛びまわっているのだろうか？
僕が東京の街を歩いていても、色んな野鳥を見かけることがある。そんな時はつい
つい立ち止まって、もしかして母なんじゃないか？　とじっと観察をしてしまう。
そしてもしも、「鳥使い少年」と言われた時のように、僕の肩に野鳥がとまったら、
その鳥はきっと母なんだと思う。
その時はギュッと摑めるかなぁ。

初出
「小説新潮」2021年5月号〜2022年12月号
単行本化にあたり加筆・修正をしました。
また、「相方か友達か」「結婚相手の条件」は書き下ろしです。

装画・挿画　小幡彩貴
写真　青木登（新潮社写真部）

**田中卓志**（たなか・たくし）
1976年広島県出身。広島大学工学部第四類建築学部を卒業後、
2000年に山根良顕と「アンガールズ」を結成。
ネタ作りを担当している。
紅茶、苔、バイオリンなど多趣味でもある。
インスタグラム@ungirls_tanaka

ちょっと不運なほうが生活は楽しい

発　行　2023年8月30日
5　刷　2024年9月20日

著　者　田中卓志

発行者　佐藤隆信
発行所　株式会社新潮社
〒162-8711　東京都新宿区矢来町71
電話　編集部　03-3266-5611
読者係　03-3266-5111
https://www.shinchosha.co.jp

装　幀　新潮社装幀室
組　版　新潮社デジタル編集支援室
印刷所　株式会社光邦
製本所　株式会社大進堂



ISBN978-4-10-355281-9 C0095